NEVAL EL-SAADAVİ

Uluslararası üne sahip Mısırlı yazar ve feminist Neval el-Saadavi, Nil yakınlarında küçük bir kasabada doğmuş, Kahire'de psikiyatri öğrenimi gördükten sonra, Mısır'ın çeşitli şehirleri ve kırsal bölgelerinde doktorluk yapmış, Mısır'da sağlık eğitiminin yönlendirilmesine büyük katkılarda bulunmuştur. Ama Saadavi'nin popüler olmasının asıl nedeni yazılarıdır. Örneğin 1972'de yayınlanan *Woman and Sex* adlı kitabı, tabu sayılan konulara karşı açılmış sıkı bir kavga çağrısıdır. Aynı yıl siyasal yazıları nedeniyle işinden uzaklaştırılmış, yıllarca hapiste kalmış ve ölüm cezasına karşı mücadele etmiştir. Saadavi'nin çeşitli romanlarıyla Arap dünyasındaki kadınlar hakkındaki incelemelerinin birçoğu dünya dillerine çevrilmiştir.

Saadavi'nin diğer önemli yapıtları şunlardır: *Memoirs of a Woman Doctor* (1957) (Kahire Saçlarımı Geri Ver, Everest); *Woman at Point Zero* (1975) (Sıfır Noktasındaki Kadın, Metis); *God Dies by the Nile* (1985) (Tanrı Nil Kıyısında Öldü, Belge); *Search* (1991); *Memoirs from the Women's Prison* (1994); *The Women in One* (1994); *Love in the Kingdom of Oil* (2000) (Petrol Diyarında Aşk, Everest).

BEGÜM KOVULMAZ

1977, Adana doğumlu. Lise öğrenimini İstanbul Ortadoğu Koleji'nde tamamladı, mezun olduktan sonra bir sene Belçika'da yaşadı. Türkiye'ye dönüp İstanbul Üniversitesi İngiliz Dili ve Edebiyatı'nı bitirdi, çeşitli yayınevlerinde çevirmenlik yaptı, Kipling, Mastretta, Healy, Carter gibi yazarların eserlerini çevirdi. Halen Bilgi Üniversitesi Sinema-TV bölümünde yüksek lisans yapmaktadır.

ESİN EŞKİNAT

1979, Ankara doğumlu. Orta öğrenimini TED Ankara Koleji'nde tamamladı. İstanbul Üniversitesi, İngiliz Dili ve Edebiyatı'ndan mezun olan Esin Eşkinat, *Şeker Adası* ve *Gözlemevi Hikâyeleri* adlı kitapları çevirdi.

Neval el-Saadavi

KADININ CENNETTE YERİ YOK

Türkçesi: Begüm Kovulmaz - Esin Eşkinat

§

Çağdaş Dünya Edebiyatı 44

Kadının Cennette Yeri Yok
Neval el-Saadavi

Kitabın Özgün Adı
She Has No Place in Paradise
Mandarin Paperbacks, Londra, 1989

İngilizce'den çevirenler: Begüm Kovulmaz - Esin Eşkinat
Kapak tasarım: Mithat Çınar
Dizgi: Sibel Yurt

© 1987, Neval el-Saadavi
© 2003; bu kitabın Türkçe yayın hakları
Everest Yayınları'na aittir.

Birinci Basım: Şubat 2003
ISBN: 975 - 289 - 058 - X

Baskı ve Cilt: Kesim Ajans

EVEREST YAYINLARI
Çatalçeşme Sokak No: 52/2 Cağaloğlu/İSTANBUL
Tel: 0 212 513 34 20-21 Fax: 0 212 512 33 76
Genel Dağıtım: Alfa, Tel: 0 212 511 53 03 Fax: 0 212 519 33 00
e-posta: everest@alfakitap.com
www.everestyayinlari.com

Everest, Alfa Yayınları'nın tescilli markasıdır.

KADININ CENNETTE YERİ YOK

GÜÇSÜZ OLAN KADINDI

※

Sadece sağ elinin orta parmağı işe yarayacaktı. Öbür parmaklarını kullanamazdı. Küçük parmak olması gerekenden daha uzun, başparmak ise daha kalındı. İşaret parmağının tırnağı yoktu, bir çapa darbesiyle ezilip düşmüş, bir daha da çıkmamıştı. Oysa tırnak çok önemli, belki de parmağın kendisinden bile daha önemliydi, çünkü yolunu tırnakla açacaktı. Annesine başka bir şey kullanmasına izin verilmesi için yalvarmıştı; daha sert bir şey, mesela bir bambu sopasının ucu. Fakat annesi omzunu güçlü parmaklarıyla ittiği gibi yere yuvarlamıştı onu. Annesinin koca ayaklarının sarsılmaz adımlarla ilerleyişini, o azametli, kaslı bedeninin toprağı sallayışını, uzun ve sert parmaklarının çapayı kavrayıp, kuru bir

1

mısır sapı gibi kolayca yükseklere kaldırışını, sonra da sanki karpuzmuş gibi ortadan ikiye yarmak üzere toprağa indirişini seyrederken tükürenedi, sadece yerde sürünebildi.

Bir öküz kadar kuvvetliydi annesi. Başının üstünde bir eşeğin taşıyabileceğinden daha ağır yükler taşırdı. Teknelerce hamur yoğurur, yerleri süpürür, yemek pişirir, tarla çapalar, hamile kalır ve çocuk doğururdu, ama yorgunluk ya da bıkkınlıktan en ufak bir ize rastlanmazdı onda. Oğlunu etinden yaratmış, kanıyla beslemiş olmasına rağmen, gücünü kudretini de kendisine saklamıştı. Oğluna miras olarak sadece çirkinlik ve güçsüzlük kalmıştı.

Annesine sıkı sıkı tutunmak, kafasını göğsüne yaslayıp bedeninin kokusunu içine çekmek için duyduğu şiddetli istek sevgi değildi. Kendisine daha güçlü kaslar vererek yeniden doğurabilsin diye bir kere daha birleşmek istiyordu onun bedeniyle. Nefesinden içine biraz güç çekmek istiyordu. Öptüğü zaman aslında öpmek istemiyor, ısırmak ve kaslı etlerini lokma lokma koparıp yutmak istiyordu. Ne var ki bunu başaramıyordu. Bütün yapabildiği, başını kucağına saklayıp ondan nefret etmekti. Bazen ağlar, bazen kaçardı. Bir seferinde akşamüstü tarladan kaçmış, *galabias*ının* kenarını ağzına kıstırıp bilmediği yerlere gelene kadar durmadan koşmuştu. Her yanı karanlıkla çevrilmişti, sonra bir kurt uluması duyunca gerisin geriye dönmüş ve eve doğru koşmaya başlamıştı. Bir seferinde de annesinin çantasından beş *piastre* çalmış ve Delta trenine binerek adını bilmediği bir köye gitmişti. Karnı guruldamaya, ayaklarının altı yanmaya başlayana dek sokaklarda dolaşmıştı. Sonra bir bilet alıp kendi köyüne dönmüştü. Bir başka seferinde de on *piastre* çalıp berber hekime gitmişti. Nefes nefese dikilmişti adamın önüne.

"Hadi konuş, evladım. Ne istiyorsun?"

) Mısırlı erkek ve kadınların giydiği uzun, bol elbise. (ç.n.)

Elleri *galabia*'sının içinde saklı, kupkuru dilini damağından ayırmaya çalıştı.

"Parmaklarım..."

"Parmaklarının nesi var?"

"Çapayı annemin parmakları gibi kavrayamıyorlar."

Adam onu omzundan itti.

"Kendinden utan, evladım. Git de annen sana kocaman bir parça et yedirsin, o zaman bir at kadar güçlü olursun."

Annesi hızla yalayıp yuttuğu bir parça et getirinceye kadar onun geniş kucağında ağladı. Eti yedi, su içti ve geğirdi, parmaklarına hoş bir ısı yayıldığını hissetti. Yeni gücü sayesinde mutluydu; ellerini sıkı sıkı kapayıp açtı, parmaklarını kastı ve gevşetti. Ama gözkapakları kapanıyordu, bunun üzerine gözlerini kapayıp derin bir uykuya daldı. İki gün sonra uyandığında etten kalanların yeni bulduğu güçle birlikte akıp gittiğini hissederek dışarı koştu.

Bir çözüm bulmak zorundaydı. Kafasının içinde çalışan bir beyni vardı. Köydeki en akıllı adamdı. Köylülerin gazetelerini okur, mektuplarını yazar, sorunlarını çözer, imam köyde yokken Cuma vaazını verirdi. Yazık ki beyni ve zekâsı bedeninin acizliğini mazur göstermiyordu. Köylülerin gözünde gerçek bir adam, katır kadar aklı olsa da güçlü bir bedeni olan adam demekti her şeyden önce.

Kafası çalışıyordu ama kasları tembeldi. Zaman geçiyordu. O korkunç gün yaklaşmaktaydı ve denediği hiçbir şey işe yaramıyordu. Arka taraftaki salonun kapısını kilitledi ve kaslarını çalıştırarak idman yapmaya başladı. Ellerini sıkı sıkı kapadı, parmaklarını eğdi büktü, gevşetti ve çıtlattı. Her gece çalışıyordu. Parmakları bazen sımsıkı kapalı bir yumruğa dönüşüyor, bazen gevşeyip sarkıveriyordu...

O gün gelip çatmıştı. Annesinin şafaktan önce kalkıp salonu süpürüp temizlemesini ve evin önüne ahşap banklar istiflemesini izledi. Uyuyormuş, ya da ölüymüş taklidi yaptı, ancak annesi güçlü parmaklarıyla omzunu dürtükleyince ayağa fırladı. Evin avlusuna insan yığınları dolmaya başladı; eğlenen ve oynayan, değnekler taşıyan adamlar ve şarkılar söyleyip haykıran rengârenk elbiseli kadınlar, ensesine çarpıp yere düşen bir şeyler atıyorlardı. Ayaklarına vuran sarı renkli deri yeni terlikler yüzünden olduğu yerde donup kalmıştı. Boynunun çevresinde, kasılan parmaklarıyla çekiştirdiği ve kasları böyle hamur gibi yumuşak olmasa ucuna asılıp kendini boğacağı yeni bir *kuffiya** vardı. Bacakları yerinden kımıldamıyor, ama arkadan, soldan, sağdan iteklendikçe sanki oynayanlarla birlikte oynuyor, dört dönenlerle birlikte hareket ediyormuş gibi görünüyordu. En sonunda kendisini salonun eşiğinde buldu. Başını kaldırınca karşısında tuhaf bir şey gördü; üst tarafı kocaman, kırmızı bir örtüyle örtülmüş olan bu şeyin alt yarısı, kollarının kaba damarları fırlamış iki kadın tarafından sıkı sıkı tutulan iki ince çıplak bacaktan oluşuyordu.

Gözleri kamaşmış, çığlık atmak için ağzını aralamaya çalışarak eşikte dikilip kalmıştı. Dudaklarının arasından, zararsız bir yılanın kuyruğu gibi ağzının kenarından süzülen ıslak ve kaygan salyadan başka hiçbir şey çıkmadı.

Annesininkilere benzeyen güçlü parmakların omzunu kavrayıp kendisini yere oturttuğunu hissetti. Kaba etleri, yeni yıkanmış nemli zeminin üzerindeyken kendini biraz ferahlamış hissetti. Gözleri kapalı, kendinden geçmiş bir halde oturmaya devam etti. Omzu yeniden dürtüklenince gözlerini açtı ve kendisini aralanmış bacaklarla karşı karşıya buldu. Yüzünü çevirdi ve göz ucuyla arkasındaki avluda toplanmış, davul ve zurnalar çalan, oynayan ve ayakta durup bekleyen insan kalabalığını fark etti. Gözlerini kocaman

---

*) Mısır erkeklerinin sıcaktan korunmak için taktığı baş örtüsü. (ç.n.)

4

açmış, hevesle ve tedirginlikle salonun kapısını izliyorlardı. Hayır, rezalet çıkarmayacaktı. Aptal değildi. Köydeki en akıllı adamdı; köylülerin gazetelerini okuyor, mektuplarını yazıyor, imam yokken vaaz veriyordu. Kekeleyen ve salyaları akan ahmak çocuk da dahil bütün köy erkekleri gibi başı yukarıda dışarı çıkmalıydı.

Sağ elini uzattı ve parmağını bacakların arasına sokup itti. Ama kolu titriyor, parmağı ölü bir köpek yavrusunun kuyruğu gibi sallanıyordu...

Durmadı. Çabalamaya devam etti. Alnından boşalan ter, yüzündeki kırışıklıklardan akıp ağzına doldu, yanı başında oturan iki kadına kaçamak bir bakış atarak teri diliyle yaladı. Kadınların her biri yüzleri duvara doğru dönük durmuş bir bacağı çekip ayırıyordu. Böyle bir manzaraya bakmayacak kadar edepliydiler, belki de çok kez gördükleri için kayıtsızlardı, ya da gerdeğe giren bir erkeğin erkeklik gücünü teftiş etmeyi reddediyorlardı, ya da utanmış veya endişeliydiler veya başka bir şey... Önemli olan ne yaptığını görmeleriydi.

Ayakta durup bekleyen kalabalığın arasında duran birilerine bakmak için gözlerini sakıngan bir tavırla kapıya doğru çevirdi. Göz ucuyla yaşlı adamın, gelinin babasının kapıda durduğunu gördü; adam endişeli ve korku dolu bir biçimde bir salonun kapısına, bir insanların yüzlerine bakıp duruyordu.

Güvenle ellerini ovuşturdu. Gerçeği kimse bilmiyordu... Kız hariç.

İki kadın duvardan ayırmamışlardı gözlerini, bacakların sahibiyse kendi onurunun derdindeydi. Kız mı? Kız kim ki? Onu tanımıyordu, hayatında hiç görmemişti; ne yüzünü, ne gözlerini, saçının bir tek telini bile görmemişti. Onu ilk kez görüyordu; gördüğü bir insan ya da bir gelin değil, kocaman kırmızı bir örtü ve örtünün altından felç olmuş bir ine-

5

gin bacakları gibi uzanan bir çift ayrık bacaktı. İşte karşısındaydı, iktidarsızlığını meydana çıkarmaya çalışıyordu. Güçsüzlüğü ve zayıflığını yakalamaya hazırlanan bir tuzak gibi... Ayağa kalktı; tıpkı annesinden nefret ettiği gibi kızdan da nefret etti. Kızı dişleriyle parça parça etmek, üzerine asit döküp yakmak istedi.

Nefret, adamı akıl ve gururla doldurdu. Hoşnutsuzlukla yere tükürdü ve küçümsemeyle dudaklarını büzdü. Kendini topladı, yavaşça yerinden kalktı ve başını yukarıda, mendili aşağıda tutarak kapıya doğru döndü. Yavaşça ve kendinden emin bir tavırla yaşlı adama doğru yürüdü, ona kibirli bir bakış atarak mendili suratına fırlattı. Mendil hâlâ ilk baştaki gibi tertemiz, lekesizdi. Üzerinde bir damla bile kan lekesi yoktu.

Gelinin babasının bakışları utançla yere çevrildi. Omuzları, başı, âdeta göğsüne düşene kadar büzüldü. Erkekler onu rahatlatmak ve destek olmak için çevresini sardılar, sonra hep birlikte salonun kapısına doğru döndüler, hazırdılar...

Gelin eşikte belirdi, kırmızı örtünün altındaki küçük başı üzüntüyle sallanıyordu, öfkeli ve onu suçlayan bakışlar her taraftan üzerine dikildi...

GEREĞİ DÜŞÜNÜLMÜŞTÜR

※

Bakışlarını kucağında duran kocaman dosyadan ayırmadan, gözlerini kırpmadan sandalyede oturuyordu. Büyük toplantı salonunun duvarları beyazdı, yüksek tavandan kristal bir avize sarkıyordu. Masaya yeşil çuha bir örtü serilmiş, kahve fincanları yarım daire şeklinde masanın üzerine dizilmişti. Ortada duran daha büyük bir fincanın dibinde, kalınca bir telve tabakası birikmişti ve öbür bardakların dibindeki telve daha inceydi. Buzlu su dolu bardakların üzerinde su damlacıkları parlıyordu. Klimanın sesi sanki öfkeli bir arı bulutu odaya dalmış gibi kulaklarında vızıldarken, yüksek, kaba sesler, sallanan başlar, duvarlarda ışık çemberleri, kel kafalarda parıldayan ve kafalarla birlikte

7

sallanan ışık yansımaları... Dibinde en kalın telve tabakasının olduğu büyük fincanın önünde beyaz kafalı, iri bir beden vardı. Kafa sağa doğru yattığında bütün kafalar ve kafalardan duvarlara yansıyan ışık çemberleri sağa doğru hareket ediyor, derken kafa sola döndüğünde bütün kafalar ve kafalarla birlikte duvardaki ışık çemberleri de sola yöneliyordu. Sigara dumanı havaya yükselirken, daha büyük halkalar tarafından yutulan küçük duman halkaları avizenin çevresine dolanmaktaydı.

Sandalyesinde öylece otururken, Midhat Abdülhamid adı sivri bir taş gibi kulağına çarptı. Kahveyle ıslanmış dudak kımıldadı, sigara dumanından sararmış dişlerin ucu göründü. Herkes Mithad Abdülhamid'ten ibaret olmalı, denildi. Beyaz kafa başıyla onayladı, bütün parlak kel kafalar başlarıyla onayladılar...

Ağzını açmaya, dilini kımıldatmaya çalıştı, ama dudakları ayrılmıyor, kupkuru dili yerinden oynamıyordu. Tuhaf bir acılık tutkal gibi boğazına takıldı. Midhat Abdülhamid'in hikâyesini biliyordu, önündeki dosya da bu hikâyeyi anlatıyordu. Acaba konuşmalı mıydı?

Dudaklarını buzlu suyla ıslattı; gırtlağının boğazına sürtünerek yükselip alçaldığını hisseti. Ağzını açıp konuşmanın ne yararı olacaktı ki? Kendisine bakmıyorlardı bile. Bazen anlamadığı bir dilde konuşuyorlardı. Hepsinin elleri beyaz, tırnakları düzgün ve temizdi, gömlek yakaları karton gibi olana kadar kolalanmıştı. Onlar şakalar yapıp gülerlerken, kendisi işyerindeki arkadaşları ve evdeki karısının yanında rahatça gülmesine rağmen onların yanında gülemiyordu. Görüntüleri bile sessiz olmasını emrediyor, kendisini değersiz hissetmesine neden oluyordu.

Midhat Abdülhamid adı bir kurşun gibi kafatasını deldi geçti. Midhat Abdülhamid yerleşik kuralları yıkıp paramparça eden bir bombaydı. Nemli dudaklar ve parlak kafalar

8

kımıldadı. Sessiz kalabilir miydi? Boğazına tutkal gibi yapışıp kalan kelimeleri dile getirmek için dudaklarını araladı. İçinde keskin bir acı hissetti, sonra bu acı bedenine doldu ve göğsüyle midesine öyle bir yayıldı ki midesi bulanmaya başladı. Kurtulmak istediği şeylerden kurtulmasına yardımcı olmayacak, beyhude bir bulantıydı bu; sadece göğsündeki hava ve kalbindeki kanın, içine sıkışıp kalan kelimelerle birlikte boşalmasıyla geçecek bir bulantı. Fakat gırtlağı bir solucan gibi kıvranan kelimelerle tıkanırken, ciğerlerinde hava kendiliğinden birikiyor, kalbi kan pompalamaya devam ediyordu.

Ağzını aralayıp, sıcak bir nefes verdi dışarıya. Konuşabilecek miydi? Konuşmanın ne anlamı vardı ki? Karşısındakiler daha güçlüydüler. Ne de olsa geçimini sağlıyorlardı. Kaybedeceği baştan belli bir savaşa girmenin ne anlamı vardı? Kendisi kim oluyordu ki? Pantolonundaki küçük yama görünüyordu, kravatı sarkıyordu, dosyayı evirip çeviren elleri kaba ve kırışıktı. Bu dosyanın ne önemi vardı?

Gizli gerçeğin bir değeri olabilir miydi? Midhat *Bek** Abdülhamid insanların parasını çalmıştı, ama nüfuzlu akrabaları vardı. Abdül Gaffar Efendi hırsızlığı ortaya çıkarmıştı ama sadece önemsiz bir kâtipti. Soruşturma başlamış ve ağır ağır ilerlemişti. Savcı ortadan kaybolmuş, yerine yeni bir savcı atanmıştı. Belgeler kayboluyor, onun yerlerine yeni belgeler ortaya çıkıyordu. Soruşturma sona ermiş, suçlu birdenbire hırsızlığı ortaya çıkaran Abdül Gaffar Efendi oluvermişti.

Küçük duman halkalarını yutan büyük duman halkalarını seyretti, boğazındaki acılığı biraz su içerek temizledi.

Abdül Gaffar Efendi'yi savunabilecek miydi? Salona girmeden önce kendisine onu savunacağına dair söz vermişti.

---

*) Yüksek makamlı biri için söylenen saygı unvanı; bey. (ç.n.)

Ama savunmanın ne faydası vardı? Havada, karada, suda hep büyükler küçükleri yutuyordu. Ağzını açıp Abdül Gaffar Efendi'yi savunursa Allah ona yardımcı olacak mıydı?

Kendisi sadece ikinci sınıf bir devlet memuruydu, bir karısı ve dokuz çocuğu vardı. Aylardır bir takım elbise almayı ertelemek zorunda kalıyor, gücü giderek tükeniyor, pantolonu üzerinden sarkıyordu. Fakat yine de, celse bittikten sonra Abdül Gaffar'ın gözlerinin içine nasıl bakacaktı? İnsanların yüzüne nasıl bakacaktı? Onlara gerçekleri anlatacağına dair söz vermişti, salon kapısının arkasında kendisini bekliyorlardı. Sıkıntıdan eli titremeye başladı. Neden ondan mucizeler bekliyorlardı? Allah değildi ki o! Küçümsemeyle başını salladı. Bu insanların kendisine ne faydası vardı? Ailesinin ekmeğini onlar sağlamıyordu. Tek sahip oldukları, sitem ve küçümseme dolu bakışlardı.

Sitem ve küçümseme dolu bakışların ne zararı vardı? Ağzındaki ekmeği kapacak hali yoktu ya bu bakışların. Ayrıca, neden gerçekleri anlatmak zorunda kalan sadece kendisi olsundu? Niçin ağızlarını açıp kendileri konuşmuyorlardı? Niçin haykırmıyorlardı? Çok kalabalıktılar, çoğunluktaydılar ama birlik değildiler, ortak bir amaçları yoktu. İnce bir bambu sopasından bile korkuyor, tatlı bir söze hemen kanıyorlardı.

Kahve fincanına uzandı ve kahvesinden bir yudum aldı. Abdül Gaffar Efendi ismi kulağına çarptı. Koca kafaya ait nemli dudaklar sanki tükürürmüş gibi konuşmaya başladı: Patronuna ihanet eden genç kâtip; böylelerine güven olmaz, böyleleri arka sokaklarda büyümüştür.

Kan beynine yürüdü. Arka sokakların hırsızlıkla ne ilgisi vardı? Kendisi de arka sokaklarda büyümüştü. Soyağacı bile yoktu. Önemli işlerin başında duran bir akrabası, nüfuzlu bir tek tanıdığı bile yoktu. Fakat asla hırsızlık yapmamıştı.

Otuz sene önce bu işin başına getirilmişti, canı istese her şeyi çalardı. Başka insanların parası sürekli elinin altındaydı, en küçük oğlu hastalandığı ve borca battığı zaman Şeytan bir an dürtmüştü onu ama Allah'a sığınmış ve hırsızlık fikrini hemen kafasından çıkarıp atmıştı.

Kendi kendine Midhat *Bek* Abdülhamid'in niçin çalmış olabileceğini sordu. İki arabası, bir apartmanı ve sadece iki çocuğu vardı. Allah korusun, belki de hastaydı. Ya da sadece açgözlüydü.

Çevresindeki sesler giderek azaldı. Başını kaldırdı, beyaz başın kımıldadığını, yumuşak beyaz elin bir kalemi tuttuğunu, son kararı yazdığını gördü: Mithad Abdülhamid masumdur.

Gözlerini kalemin ucundan alamıyordu, nefes nefese kalmış gibi ağzını açtı. Kendi sesinin zırıltı gibi çınladığını duydu: Bir dakika sayın yargıç.

Kalın sırtlar uyuşuk hareketlerle deri sandalyelerine yaslandılar. Nemli dudakların çevresinde gülümsemeye benzer halkalar oluştu...

Elini cebine soktu, bir mendil çıkarıp terini kuruladı. Tanıdık, kaba bir sesin şöyle dediğini duydu: Yazınız, gereği düşünülmüştür.

SUSUZLUK
✳

Ayaklarının altındaki sokağın asfaltı kızgın güneş ışığından dolayı yumuşamıştı. Asfalt kızın ayaklarını dökme demir gibi yakıyor, yanan bir lambanın çevresinde dönen küçük bir güve gibi bilinçsizce sağa sola yalpalamasına neden oluyordu. Yol kenarındaki gölgeliğe ulaşıp bir süre nemli toprakta oturup dinlenebilirdi, ama alışveriş sepeti kolundan sarkıyordu ve sağ eliyle yırtık pırtık bir kâğıt parayı sımsıkı tutuyordu. Pazardan alması gerekenleri unutmamak için sürekli olarak alacaklarını aklından bir bir sayıyordu... Otuz beş kuruşluk yarım kilo et, beş kuruşluk bir kilo dolmalık biber, yedi kuruşluk bir kilo domates, üç kuruş da para üstü... otuz beş kuruşluk yarım kilo et, beş kuruşluk bir kilo dolmalık biber, yedi kuruşluk bir kilo domates, üç kuruş para üstü... otuz beş kuruşluk yarım kilo et...

Her gün yaptığı gibi pazara varana kadar alışveriş listesini içinden tekrar edip duracaktı, ama birdenbire çok tuhaf ve inanılmaz bir şey fark etti. Şaşkınlığı asfaltın sıcaklığını bile unutturdu, olduğu yerde durup gözleri faltaşı gibi, ağzı açık kalakaldı. Karşısında, etiyle kemiğiyle arkadaşı Hamide duruyordu; Hamide bir dükkânın önünde dikiliyor, elindeki bir şişe buzlu gazozu dudaklarına götürüyor ve içiyordu.

İlk bakışta gördüğünün Hamide olduğunu anlamadı. Dükkânın önünde duran kızı arkadan görmüş ve o olabileceğine ihtimal vermemişti. Onu her gün dükkânın önünde gazoz içerken gördüğü kızlardan, saygın ailelere mensup, top oynayıp ip atlayan, okula gidip ve gündeliğe gitmeyen kızlardan biri, Suat, Mona, Emel, Merve ya da küçükhanımı Sühan'in arkadaşlarından biri sanmıştı.

Eğer alışveriş sepetini görmeseydi onu küçükhanımlardan biri sanacak, yürüyüp yoluna gidecekti. İlk önce, dükkânın önünde duran kızın kolundan sarkan sepeti fark etti. Gözlerine inanamadı, daha dikkatli bakınca başının arkasından, beyaz başörtüsünün altından sarkan kıvırcık saçları gördü. Başörtü Hamide'nın başörtüsüydü bu, sepetin sarktığı kol da Hamide'nın kolu. Gerçekten Hamide olabilir miydi?

Dikkatlice incelemeye başlayınca, bir çift plastik yeşil terlikten fırlayan çatlamış topukları gördü. Gerçekten de Hamide'nın terlikleri ve onun topuklarıydı. Bütün bunlara rağmen gördüklerine inanamadı ve onu sağdan, soldan, her yandan incelemeye devam etti, her bakışında sadece Hamide'ye ait olabilecek başka bir ayrıntı gördü; sol göğsünün üzerinde küçük bir yırtık olan eski, sarı elbisesi, sağ kulağında kararmış bir küpe, sol şakağında eski ve derin bir yara izi. Demek ki, gerçekten etiyle kemiğiyle Hamide'ydi bu, başka bir kız değildi. Öylece dikilip onu incelemeye devam etti.

Hamide dükkânın önünde duruyordu. Sağ elinde bir şişe gazoz tutuyordu ve şişenin üzerinde yarı saydam su damlacıkları birikmişti. Öbür kızlar gibi hızlıca değil yavaşça, çok yavaş bir şekilde içiyordu gazozunu. Parmakları soğukluğunun tadını çıkarmak istermiş gibi şişenin etrafında kilitleniyor, bir an şişeyi sıkı sıkı tutuyor, yavaşça ağzına götürüyor, şişenin ağzını dudaklarının kenarına dokunduruyor, bütün damlaları toplamak için diliyle şişenin ağzını yalıyor, sonra şişeyi ağzına sokmak için kolunu hafifçe kaldırıyor, gül renkli buzlu içecekten sadece bir yudum alıyor, bir seferde hepsini yutmuyor, son damla da ağzının içinde kaybolana kadar yavaş yavaş emiyor, başını biraz arkaya atarak, sırtını ahşap dükkânın duvarına yaslayarak bu sonsuz mutluluğun keyfini çıkarıyordu.

Artık tutamıyordu kendini. Büyülenmiş gibi, ne yaptığının farkına varmadan yavaş yavaş dükkâna yaklaştı ve güneşi kesen tentenin altında dikildi kaldı. Sonra yere oturdu, sepetini yanına koydu, gözleri Hamide'nin dudakları ile şişe arasındaki zevk dolu karşılaşmaya, sonra yudumlara, gazozun ağır ağır içilişine, mutluluğa ve arkasından gelen rahatlamaya sabitlenmişti. Yer sıcaktı; ısı, yıpranmış *galabia*'sını geçip, zayıf poposunu yakıyordu. Umrunda değildi. Tek istediği orada kalıp izlemek. Hamide'nin her hareketini gözleriyle takip etmekti.

Hamide ne zaman başını arkaya eğse onunla birlikte başını eğiyor, Hamide dudaklarını aralayınca onunla birlikte ağzını açıyor, Hamide dilini kımıldatınca onunla birlikte dilini oynatıyordu. Kendi boğazıysa kavruluyordu, ağzında bir damla tükürük yoktu. Dili kupkuru olmuştu, yutkundukça sanki tahta bir sopa gibi boğazını sıyırıyordu. Kuruluk boğazından göğsüne kadar ulaştı ve midesine kadar uzandı. Bu, daha önce hiç hissetmediği tuhaf ve korkunç bir susuzluktu, sanki su, buhar olup bedenindeki her hücreden, gözlerinden, burnundan, tüm bedenini saran derideki gözeneklerden uçup gidiyor, damarlarını ve damarlarında akan kanı bile kurutuyordu. İçini yakıp kavuran bir acı duydu, sanki derisi kurutulmuş sardalye derisi kadar kalın, kuru ve kabaydı. Ağzında tuzlu, sarısabır otu kadar acı, asitli ve yakıcı bir tat vardı. Tuzlu dudaklarını nemlendirmek için bir parça tükürük aradı ama dilinin ucu bir damla ıslaklık bulamadan ağzının içinde yandı. Dudakları buz gibi soğuk şişenin ağzında duran, bedeninin her hücresi içeceği emen Hamide hâlâ karşısındaydı. Tıpkı kendisi gibi bir alışveriş sepeti taşıyordu ve ayaklarına tıpkı kendisininki gibi bir çift terlik giymişti. Üzerinde tıpkı kendisininki gibi ucuz ve eski bir *galabia* vardı; o da tıpkı kendisi gibi evlere gündeliğe gidiyordu.

Kirli parayı tutan parmakları biraz gevşedi, ezberlediği liste bozuk bir plak gibi yeniden zihninde dönmeye başladı; Otuz beş kuruşluk yarım kilo et... beş kuruşluk bir kilo dolmalık biber... yedi kuruşluk bir kilo domates... kaldı üç kuruş. Bir şişe gazoz üç kuruş, çok pahalı canım! Geçen sene bu fiyatın sadece onda biri kadardı. Bir sene önce, bir şişe gazoz almayı göze alabilirdi. Yine de ucuz sayılmayacaktı, ama parası almaya yetecekti. Bazen dolmalık biberler beş buçuk, domates yedi buçuk kuruş olurdu, etin fiyatı ise hep aynıydı. Evin hanımı değişmeyen fiyatları ezbere bilirdi, onu kandırmak mümkün değildi. Her gün değişen sebze fiyatlarını bile sanki rüyasında görmüş gibi az çok tahmin ederdi. Diyelim ki dolmalık biberin ve domateslerin fiyatı konusunda hanımı kandırdı, üçüncü kuruşu nereden bulacak? Kaybettiğini söylese eli çok ağır olan hanım ona inanmazdı. Ayrıca yalan söylemiş olacaktı, yalan da annesinin söylediği gibi hırsızlığın kardeşiydi. Sakın ha, kızım Fatima, kimsenin bir kuruşuna el uzatma. Hırsızlık günahtır kızım, Allah seni cehennem ateşlerinde kavurur sonra...

Ateşten; saçlarını, kafasını ve bedenini kavuracak olan ateşten korkuyordu. Bir kibrit bile canını yakarken, bütün bedenini yakıp kavuracak ateş kim bilir ne kadar çok acı verirdi? Öyle bir ateşi hayal bile edemiyordu; öyle bir ateşi ne görmüş ne de duymuştu. Şimdi hissettiği, içini yakan, başka türlü bir ateşti; kuruluğun ve susuzluğun ateşi, bir gazozdan birkaç yudum içmekten başka hiçbir şeyin geçiremeyeceği türden bir ateş. Elini uzatsa gazoz dükkânının duvarına dokunabilirdi. Karşısında duran Hamide de bir şişe gazoz içiyordu. Ama gazoz parasını nasıl bulacaktı? En kolay yol, etin, domatesin ve biberin fiyatlarının üzerine eşit miktarda, birer kuruş daha eklemekti. Annesinin sözlerinin şimdi hiçbir anlamı yoktu. Kendisini tehdit eden cehennem alevlerini bilmiyor, tanımıyordu, zaten cehennem alevinde yanan kimseyi de görmemişti. Belki de öyle bir ateş yoktu. Eğer varsa bile kendisinden çok uzak, ölüm kadar uzaktı o anda. Hem ne zaman öleceğini bilmiyordu, bir gün öleceğini hayal bile edemiyordu.

Ayağa kalktı, galabia'sındaki tozları silkeledi, şişeden son yudumu alan, dudaklarını büzerek şişeyi bırakmak istemeyen Hamide'yi izledi. Dükkân sahibi şişeyi elinden çekip alırken, dudaklarının arasından sonsuza dek ayrılmadan önce Hamide şişenin ağzına son ve uzun bir veda öpücüğü kondurdu. Arkasından keyifle avucunu açtı ve üç piastre'yi tezgâhın üzerine saydı.

Dükkânın önünde, biraz önce Hamide'nin durduğu yerde dikilirken hafifçe titredi. Dükkânın içinden gazozun kokusunu da beraberinde taşıyan nemli bir hava dalgası yükseldi. Bundan sonra ne olursa olsun umurunda değildi. Sert tokatlar canını yakmıyordu, onlara alışmıştı. Cehennem ateşi artık onu korkutmuyordu çünkü çok uzaklardaydı. Bir yudum buz gibi gazoz, dünyaya, hatta dünyanın bütün korkularına ve acılarına değerdi.

MAKALE

※

Sıcaktan hafif kızarmış parmaklarının arasındaki soğuk kalem, beyaz kâğıdın üzerinde anlamsız karalamalardan başka bir şey oluşturmadan beklerken, büyük sobanın içinde parıldayan ateşin etkisiyle daha da ısınan ve içini kaplayan kırmızı kan sessizce yanaklarına yükseldi, ayak ve el parmaklarını ısıttı.

Masanın başından kalktı, sobanın yanına gidip önünde çömeldi, ısınsın diye kalemini de sobaya doğru uzattı. Ateşin parıldayan alevlerinden âdeta etkilendi, sarhoş olmuş gibi, hatta daha keyif verici bir uyuşuklukla gözlerini ateşe dikerek çöktüğü yerde öylece kalakaldı. İçten içe, bedenindeki her eklemi ısıtan bu nefis sıcaklığın yanında diz çöküp

18

hayatının sonuna kadar kalmak istedi. Ama parmaklarının arasındaki kalem er ya da geç gazeteye vermesi gereken makaleyi hatırlatıyordu. Bütün iradesini toplayarak tembel tembel masanın başına döndü. Kalemi kâğıdın üzerine koyup yazmayı denedi. Kalemin ucu, hamam böceklerinin bacaklarına benzeyen kısa çizgiler çizerek yeniden kâğıdın üzerinde asılı kaldı.

Ansızın küçük bir çocukken biyoloji dersinde hamamböceklerinin antenlerini ve bacaklarını çizdiğini hatırladı. Biyoloji derslerinden ve hamamböceklerinden nefret eder, duvarın üzerinden atlayıp okuldan kaçmak isterdi. Oysa bir tabak ıspanağın üzerinden bakan babasının gözleri yalvararak şöyle diyordu, "Çalış oğlum, çalış ki amcan *bek* gibi önemli bir adam olabilesin." Gözlerinin önünde amcası belirdi; uzun, siyah arabasından çıkıyor, yanında şişman karısı var, zarif kızları da arkalarından geliyor, üçü birlikte kırmızı tuğladan yapılma evlerine doğru yürüyor, arabanın çevresine toplanan çocuklara küçümseyen bakışlar atıyorlar, kaldırımsız sokakların toz fırtınasından korunmak için beyaz ipek mendillerini burunlarına götürüyorlar. Bir çocuğun iç geçirip kulağına fısıldadığını duydu, "Amcan *bek* gelmiş!"

Çocuğa gurur dolu bir bakışla cevap verdikten sonra amcasına doğru koşuyor, çamurla kirlenmiş elini uzatıp soluksuz bir şekilde amcasını selamlıyor, "Hoşgeldiniz amcacığım!"

Kalem, parmaklarının arasından kayıp masanın üstüne düştü. Uzak geçmişindeki bu anıları canlandıran hamamböceği bacaklarını incelerken dudakları alaycı bir gülümseyişle kıvrıldı, pahalı erkek parfümü tozlu geçmişin hayaletlerini kovalasın diye burnunu yumuşak ipek mendiliyle sildi. Bakışlarını masadan duvarda asılı çerçevelere süslü çerçevelere çevirdi, karısının fotoğrafıyla göz göze geldi. Onun buz gibi soğuk yüz hatlarını incelerken yüreği büzüldü sanki; karısının burnu, âdeta çevresini hor görüyormuş gibi yukarıya kalkıktı, onun gergin ve ince dudaklarını öpmeyi bilmiyordu, keskin ve sert gözlerinin mavisine bir parça kendini beğenmişlik ve kibir karışmıştı. Evlilikte dış güzelliğin ne faydası var ki, diye düşünerek dudaklarını kemirdi, Hatice'nin güzelliğinin ne faydasını görmüştü ki? Gözlerini karısının gözlerinden kaçırdı ve önünde duran boş kâğıda çevirdi. Büyük harflerle makaler.in başlığını yazmak için kalemi eline aldı, sayfanın ortasına şöyle yazdı: Sosyalizme Giden Yolumuz. Başlığın altına kalın bir çizgi çekti, sonra makalesine nasıl başlayacağını düşünmeye koyuldu. Parmakları sanki kelimeleri sıkarak, zorla çıkarmak istiyormuşçasına sıkı sıkı kalemi kavradı. Ama kalem kâğıdın üzerinde sadece kımıldanıp kıvranıyor, başlığın altına çizgiler çekiyor, hamamböceği bacakları çiziyordu, o kadar. Bir yandan da öbür eliyle sakalıyla oynayıp bıyığını çekiştiriyor, bir sakal teli koparıyor, yüzünü ovuşturuyordu.

Boynunu ileri doğru uzattı, kalemi hafifçe sallayıp ucunu kâğıdın üzerine koydu, ama karaladığı çizgileri ve hamamböceği bacaklarını fark edince kâğıdın artık yazı yazmak için uygun olmadığına karar verip buruşturarak çöpe attı. Temiz bir kâğıt çıkarmak için masanın çekmecesini açınca yeni aldığı küçük bir kitaba takıldı gözü; *Sosyalizme Doğru.* Hemen eline alıp kapağını açtı, okudukça gözleri parlamaya başladı, kitaptan ilham ve ifşaat akıyordu sanki. Kitabı kapadı, yeniden çekmeceye attı, temiz bir kâğıt çıkartıp üzerine kapanarak yazmaya başladı: Ben bir fellahım, fakir bir fellahın oğluyum...

Cümlenin nasıl göründüğüne bakmak için kalemi kâğıttan kaldırdı. 'Fakir' kelimesi hoşuna gitmedi, üzerini çizip yerine 'yoksul' yazdı. Yazdıklarını bir daha okuyunca gülümsedi: yoksul bir fellahın oğlu. Evet, bu kelime daha iyi görünüyor, insanlara onurlu bir geçmişi olduğunu kanıtlıyordu.

Kâğıdın üzerinde gidip gelen kalem ve birdenbire uyanan yazma hevesi, büyükbabasına ve babasına bahşedilmiş olan yoksulluğun şerefini hatırlattı, yoksunluk ve sıkıntının sonsuz gururunu aklına getirdi. Hevesinin coşkusu, farkında olmadan beyninin derinliklerinde yatan acı dolu anıların ortaya çıkmasına neden olmuştu. Beyninin derinliklerinden, bilinçdışında yatan saklı görüntüler çıkmaya başladı; tozlu, siyah *galabiası* içinde annesi, annesinin uzun ucu düğümlenmiş siyah başörtüsü, metal halhallı ayak bileklerinin altında yorgun bir devenin toynakları gibi ağır ağır sürdüğü şiş ve çatlak derili ayakları, sert, eski püskü *galabiası* içindeki zayıf dizlerini çenesinin altına dayayıp yere oturarak ocaktaki külleri parmaklarıyla karıştıran kendisi, babasının kulaklarında çınlayan boğucu sesi; "Benimle birlikte tarlada çalışacak." Derken annesinin, "Hayır, okula gidecek," diyen yorgun sesi. Arkasından annesinin esneyerek açılan ağzı, çıkık dişleri, kıpkırmızı dişetleri. Bunu hatırlayınca gözünün önünde hemen esneyen amcasının çıkık dişleri ve kırmızı dişetleri belirdi. Kendisi büyük oturma odasının bir köşesinde, zayıf dizleri yırtık pırtık pantolonundan fırlamış, kuru dudaklarını sıkı sıkı kapayıp guruldayan midesinin sesini içinde tutmaya çabalayarak çömelmiş oturuyor, amcası ona bakarak esniyordu. Mutfakta pişen yemeğin kokusu artarken amcasının esnemeleri de, kendisinin mide gurultuları da giderek artmıştı. Amcasının esnemesine aldırış etmiyormuş gibi görünmeye çalışarak başını çevirmişti, oysa içten içe, divana oturup geviş getiren bir boğa gibi esneyen bu amcaya karşı sınırsız bir nefret duyuyordu. Mutfaktan çıkıp onu yemeğe çağırmakta hiç acele etmeyen, yürürken bacakları gebe bir inek gibi birbirine sürten amcasının karısından da, toprak çapalamaktan başka işe yaramayan babasından da, kendisini açlıktan guruldayan karnında taşıyan, miras olarak sadece çirkinlik ve yoksulluk bırakan annesinden de, yataklarda uyuyan, okula giden, her türlü masraflarını karşılayabilen, bütün bunları yaptıktan sonra patlayana kadar yemek yiyecek kadar parası kalan bütün insanlardan da nefret ediyordu.

Her şeyden nefret ediyordu; anılardan, okuldan, öğrencilerden, kıştan, duvardaki çatlaklardan içeri girip bütün gece odanın içinde esen soğuk rüzgârdan, bütün yaz boyunca başını haşlayan güneşten, her hafta odasının kirasını almaya gelen ev sahibinden, doğru dürüst apartman dairelerinde yaşayan kiracılardan, çatının diğer tarafında, karanlık, ahşap odada yaşayan zayıf ve esmer kadından, kadının bayat yemek kokusu sinmiş giysilerinin kokusundan, kulağına yüz kızartıcı kelimeler fısıldarken boynunda hissettiği pis kokulu soğuk nefesinden...

Her şeyden, hatta kendinden bile nefret ediyordu, giysilerine sinen çürümüş kokudan, her zaman yapışkan terler sızdıran inatçı bedeninden, ayakkabısının burnundan dışarı fırlayan boğumlu ayak parmaklarından, küçük, çatlak aynada göz göze geldiği nefret dolu bakışlarıdan nefret ediyordu. En çok da bir anda bir dilim ekmeği ve on tane *ta'amia*'yı* yutan ve sonra hemen aç bir kurt gibi hırlamaya başlayan midesinden nefret ediyordu.

Ekmeği ve *ta'amia*'larıyla birlikte bir köşeye büzülüp onları kokladığı, yaladığı, sonra ağzına atıp bedeninin derinliklerinde kaybolana kadar uzun uzun çiğnediği o tuhaf ve harika an hariç karşısına çıkan her şeyden, yaşadığı her andan nefret ediyordu.

Farkında olmadan dudakları aralandı ve dilinin ucundan akan bir damla ılık salya dudaklarının arasından kaçıp kâğı-

---

*) Ta'mia: Kavrulmuş fasulyeden yapılan bir tür geleneksel Mısır yemeği. (ç.n.)

dın üzerine damladı. Fark edince hor gören bir tavırla dudaklarını yaladı, biraz önce yazdığı "yoksulluk" ve "istek" kelimelerini okudu. Kâğıdı buruşturarak çöp kutusuna fırlattı, sonra temiz bir kâğıt daha çıkardı ve sızlayan bir kalple şunları yazdı, "Sosyalizm, rüzgârın gece odanın duvarlarındaki çatlaklardan içeri girememesidir, yaz boyunca güneşin tepemizi kavurmamasıdır, ayak parmaklarımızın ayakkabının burnundan fırlamamasıdır, nefretin insanların kalbinde yer bulamamasıdır..."

Parmaklarının arasındaki kalem durdu. Son cümleyi yeniden okudu, derin derin düşündü. Nefretin insanların kalbinde birikememesi... Kendi kendine, kalbi nefretle dolu olmayan hangi insan savaşır ki, diye sordu. Savaşmayı ve başarılı olmayı nefretin ta kendisinden öğrenmemiş miydi? İradesini tutuşturan, uykusunu kaçıran, doğal içgüdülerini harekete geçiren, bedeninin ve aklının bir an bile olsun yorulmasına izin vermeyen nefret değilse neydi? Tüm sahip olduklarının asıl kaynağı nefret değil miydi? Kâğıda uzandı, buruşturdu, çöp kutusuna attı ve çekmeceden temiz bir kâğıt çıkardı.

Kalemi yeniden boş satırların üzerinde sallanmaya başlamış, noktalar, benekler ve en başta yaptığı gibi hamamböceği bacakları çizmeye koyulmuştu. Sanki daha önce hiç yazı yazmamıştı, doğru kelimeleri bir türlü bulamıyordu. Oysa daha önce yazı yazmıştı, hem de sık sık. Gazetelerde ve dergilerde sayfalar dolusu yazısı yayımlanmıştı. Bir kelimenin arkasına öbür kelimeyi, bir cümlenin arkasına öbür cümleyi hiç zorlanmadan eklemişti. Daha önce yazarken böyle takılıp kaldığı olmamıştı. Adı çok uzundu, yazınca kâğıdı enlemesine doldurmuştu. İlkokuldan hukuk doktorasına kadar uzanan iyi bir eğitim almıştı. Pek çok etkileyici kelime ve yeni terimler ezberlemişti. Kendini hazır hissederek, güven dolu bir tavırla başını öne doğru uzattı, bir yandan da kendisinin sahip olduğu eğitimi almamış, ezberlediği terimleri ezberlememiş olan herhangi birinin bile yazabileceği bu basit ve sıradan kelimeleri yazmak için ne kadar çok zaman harcadığına şaştı.

Parmakları güvenle kalemi kavradı, kalemin ucunu kâğıdın üzerine koydu ve yazmaya başladı, "Sosyalist bir geleceğin ufuklarına doğru ilerleyen bir dünyada geçirmekte olduğumuz bu köklü değişiklikler evresi, pratik çalışmanın ve öz ideolojinin ulusal kanunlar çerçevesinde entegre olmasını gerektirir."

Kalemini masanın üzerine bırakıp pahalı erkek parfümüne batırılmış ipek mendiliyle burnunun ucunu sildi. Boynunu gururla uzatarak yazdığı kelimeleri inceledi. Bacaklarını ve kollarını açarak rahatça gerindi, esnedi. Saate baktı, sonra kâğıdı çabucak katlayarak cebine koydu. Sokağa çıktı ve kocaman arabasının kapısını açmak için koşan çocuğu gördü. Arabaya binip oturdu, kontağı çevirdi. Çocuğun hevesle arabanın camını sildiğini, sonra yolun ortasında durup karşıdan karşıya geçmek için trafiği kolladığını gördü. Çocuğa yanına gelmesini işaret etti, çocuk elini ona doğru uzatarak yaklaştı. Gaza bastı ve araba bir ok gibi yerinden fırlayıp geniş sokakta hızla ilerledi.

Dikiz aynasına bakınca çocuğun geriye doğru bir adım attığını gördü, eli önüne uzanmış kalmıştı, onun gözlerindeki bakışı tanıdı. Uzun yıllar boyunca küçük ve çatlak aynada göz göze geldiği bakışın aynısıydı gördüğü.

DÖNEN ATLAR HALKASI

※

Kendisi ve atlar arasındaki benzerlik çok belirgindi, ama iki ön ayağını öyle çok havaya kaldırdı ki sanki arka ayaklarının üzerinde dönüyor gibi görünüyordu. İçlerinden biri, bir erkek, ortadaydı. Neden özellikle o ortadaydı? Kendisinden bir farkı yoktu. İki ön ayağı havada, yere dokunmuyor, diz hizasının üstüne kaldırılmış, iki yandan eller gibi sarkıyor: Kendisiyle tastamam aynı duruş. O da tıpkı kendisi gibiydi, ama ortada, dairenin merkezinde duruyordu. Yanına kimse yaklaşmıyordu. Herkes çemberin dışında dönüyordu. Erkek hem ortadaydı, hem de yüzü kendisine doğru dönüktü, göz kırpmadan kendi kendini izliyordu. Canı istediği zaman ayağa kalkıyor, istediği zaman dönüyor, istediği zaman bacağını sallıyor, istediği zaman toynağını yere vuruyor, sağa ya da sola dönüyordu.

İzleyiciler iskemlelerde oturuyor, arka sırada oturanlar ön sıralarda oturanların sırtını, ön sırada oturanlarsa atların sırtını görüyordu. Herkes sadece başkalarının sırtını, bükülerek fırlak omurgayı ortaya çıkaran sırtları görüyordu, omurgalar o kadar belirgin ve netti ki onlara bakmak insanın gözlerini acıtıyordu. Dairesel hareket izleyicilerin gözlerini yoruyor, tahta iskemleler de uyluklarını acıtıyordu. Arena büyük, geniş ve yuvarlaktı, soğuk havanın içeri girmesini engelleyecek duvarları da yoktu.

Soğuk hava uykuyu da kovalıyordu oradan. İzleyiciler ısınmak için ellerine hohluyorlardı. Toynaklar yere vuruyor, hareketleri düzenli sesler takip ediyor, dairesel ilerleyiş sürüp gidiyordu. Ortada tek başına duran biri hariç, öbürlerinden hiç farkı olmayan biri hariç, ön ayaklarını havaya kaldırmış, kolları gevşekçe karnına sarkmış duran biri dışında, herkes bir çemberin çevresinde dönüyordu. Sadece arka ayakları üzerinde dönüyorlar, tıpkı dans eden ya da şaha kalkan atlar gibi. Ama o bir at değildi. Yüzler ortaya doğru, sırtlar izleyicilere doğru dönüktü. İzleyiciler sırt seyretmekten çok sıkılmışlardı, eğer onları sürekli kamçılayan soğuk hava olmasa, çoktan uykuya dalarlardı.

FOTOĞRAF
✱

Eğer eli kazara Nabawiya'nın arkasına çarptığı zaman, parmakları yumuşak bir et topuna değmeseydi, Nergis'in hayatı her zamanki gibi sürüp gidebilirdi. Oysa artık lavaboda bulaşıkları yıkarken, bir yandan da *galabia*sının altında kollarının her hareketinde titreyen iki küçük çıkıntıyı hayretler içinde izliyordu. Nabawiya'nın da bir poposu olduğunu ilk kez fark etmişti. Geçen sene köyden gelen, mısır sapı gibi incecik ve kupkuru bir bedeni olan hizmetçi kızdı Nabawiya. Arkası da önü de dümdüzdü, eğer ismi Nabawiya olmasaydı, bir erkek çocuğu bile sanılabilirdi.

Nergis kendini odasındaki aynanın önünde buldu. Arkasını döndü. Elbisesinin altında titreyen iki küçük çıkıntıyı görünce gözleri şaşkınlıkla büyüdü. Yoklamak için elini arkasına uzattı, parmakları iki tane yumuşak et topuna değdi. Kendi poposu da büyüyordu!

Elbisesinin arkasını kaldırıp poposunu açtı, bir yandan da aynada görebilmek için başını arkaya çeviriyordu. Ama poposu da bedeniyle birlikte döndü, gözden kayboldu. Bedeninin alt kısmını sabit tutup, sadece başını çevirmeye çalıştı ama beceremedi. Başı döndükçe bedeninin üst kısmı, bedeninin üst kısmı döndükçe alt kısmı da dönüyordu. Nabawiya'yı arkadan görebilirken kendini görememek onu şaşırttı. İnsanlara özgü yeni bir sıkıntı keşfetmişti sanki; insan doğduğundan beri sahip olduğu ve her zaman her yere beraberinde götürdüğü bedeni göremiyor, ama başkalarının bedenlerini her zaman her yandan görebiliyordu.

Aklına, mutfağa gidip Nabawiya'ya arkasına bakmasını ve poposunu tarif etmesini istemek geldi. Biçimi nasıldı? Yuvarlak mıydı? Yoksa yumurta biçiminde mi? Otururken de, yürürken olduğu gibi sallanıyor muydu? Çıkık ve dikkat çeken bir popo muydu yoksa değil miydi?

Tam gitmek üzereyken durdu. Nabawiya'ya böyle bir soru sorabilir miydi? Nabawiya hiç konuşmadığı bir hizmetçiydi. Onunla sohbet etmez, sadece emreder, kız da bir makinenin düzenli hareketleri gibi hep aynı hızda ve tonda "Peki" ya da "Evet" diye otomatik ve sıradan yanıtlar verirdi.

Sinirlendi, arkasını kendi kendine görmeye karar verdi. Poposunu çıplak görebilmek için elbisesini topladı, ayaklarını sıkı sıkı yere bastı ve başını çevirerek gözlerini aynaya dikti. Ne yazık ki kafası daha fazla dönmüyor, gözleri aynaya ulaşamıyordu. Kaslarını gevşetip bir daha denedi. Elbisesini toplamış aynanın önünde başını arkaya çevirirken birden babasının gözleriyle karşılaştı ve titremeye başladı.

Gördüğünün babasının gerçek gözleri değil de duvara asılı bir fotoğraf olduğunu bilmesine rağmen korkudan titremeye başladı, elbisesini indirip arkasını örttü. Gözlerini fotoğrafın gözlerinden ayıramıyordu. Babasına her baktığında onu istediği gibi doya doya göremediğini fark ediyor, baktıkça bakası geliyordu. On üç yaşında olmasına rağmen onu hep arkasından görüyordu. Sırtı kendisine dönük olduğu zaman gözlerini kaldırıp babasının uzun ve geniş bedenini inceleyebiliyordu. Ama bir kere bile gözlerinin içine bakmamış, onunla bir kere bile sohbet etmemişti. Eğer babası kendisine bakarsa başını önüne eğerdi, eğer kendisiyle konuşursa mekanik bir çabuklukla, itaatkâr bir tavırla; "Peki" ya da "Evet" diye yanıt verirdi. Babası okulu bırakıp evde kalmasını emrettiği zaman okulu bırakıp evden hiç çıkmamaya başlamıştı. Babası artık pencereleri açmamasını söylediğinde bir daha pencereleri açmamış, kepenklerin arkasından bakmamasını söylediğinde kepenklerin arkasından dışarıyı seyretmeyi bırakmıştı. Uyumadan önce iffetli rüyalar görmek için yıkanmasını ve dua etmesini söylediğinde geceleri yatmadan önce yıkanmaya başlamıştı.

Gözlerini onun gözlerinden ayıramıyordu. Başını önüne eğmeden babasının gözlerinin içine bakmak, gözlerini gözlerine dikip onları görmek, tanımak, bilmek istiyordu. Ama yapamadı. Babasının gözleri hep kendisininkilerden uzaktaydı, burnunu fotoğrafa dayamasına rağmen onun gözlerini yakından göremiyordu. Fotoğrafta yüzü geniş görünüyordu, burnu da kocaman ve kanca gibiydi, çukurlarına kaçmış kapaklı gözleri neredeyse yutuyorlardı kızcağızı. Yüzünü ellerinin arkasına sakladı. Babasının kanca burnunun kâğıt yığınları arkasından göründüğü çalışma masası gözünün önüne geldi. İnsanlar masasının önünde kuyruğa girer, babası da arada bir, yalvaran bakışlarla kendisine bakan insan kalabalığını incelerdi. Büyük kafası kâğıt yığınları arasında sallanır, uzun, kaba parmaklarının arasındaki kalem hızla kâğıtların üzerinde uçuşurdu. Bir köşeye sinip ince bacaklarını bitiştirdi, soluğunu tutmuş, kendi içine çekilmişti. Böyle büyük bir adamın kızı olabilir miydi gerçekten de? Babası ayağa kalktığı zaman uzun, geniş bedeni masanın arkasında yükselir, burnunun ucu neredeyse tavana değerdi. Sokakta, bütün bakışları üzerinde toplayan babasının yanında, başı yukarda yürüdüğünü gururla hayal etti. Bütün ağızlar babasını onaylamak için açılıyor, kızın küçük kulakları sokaktaki insanların fısıldaşmalarını duyuyordu: İşte o büyük adamın ta kendisi, yanında da kızı Nergis var! Karşıdan karşıya geçerken babası elini tutup kocaman parmaklarıyla kızın küçük parmaklarını kavradığında kalbi hızla atmaya başladı, nefes alışı hızlandı ve babasının elini öpmek için eğildi. Dudakları babasının kocaman kıllı eline dokunduğu anda burnuna da güçlü bir koku doldu; babasına özgü o yoğun koku. Ne kokusu olduğunu tam olarak bilmiyordu, ama babasının olduğu her odada bu kokuyu alabiliyordu. Babası kızın odasına geldiği zaman kendi yatağı, dolabı, giysileri bu kokuyla doluyordu. Bazen başını onun giysilerine gömer, hatta giysileri daha iyi koklayabilmek için yüzüne dayar ve öperdi. Yatağın başucunda duran fotoğrafın önüne diz çökerek âdeta dua ederdi, hiç görmediği bir Tanrı'ya kısa ve sıradan dualar etmek başka bir şeydi, oysa Nergis, kendi gözleriyle gördüğü, kulaklarıyla sesini duyduğu, burnuyla kokusunu aldığı gerçek bir Tanrı'ya tapınırdı. Nergis'e yemek ve giyecek getiren, büyük bir bürosu ve üzerlerinde yazan her şeyi bildiği bir yığın kâğıdı olan, insanların isteklerini dinleyen ve en önemlisi kalemiyle baş döndürücü bir hızda yazan bir tanrıydı onunkisi.

Nergis dua edermişçesine fotoğrafın önünde diz çöktüğünü fark etti. Ayağa kalktı, başı tevazuyla öne eğik, her gece yatmadan önce yaptığı gibi babasının elini öpmeye gitti. Yatağına sırt üstü uzandığında çıkık poposu yatağa değdi, bedenini yeni ve heyecan verici bir titreyiş sardı. Titreyen eliyle poposunu yokladı. İki tane yuvarlak et yığını bedeni ve yatak arasında eziliyordu. Onları hissetmemek için yüzüstü dönerek uyumaya çalıştı, ama havaya dikilmiş olan poposunun ağırlığını hissediyordu. Yan döndü, fakat her nefes alışında hâlâ poposunu hissediyordu. Nefesini tuttu ama bir süre hareketsizlikten sonra yine hızlı hızlı nefes almaya başladı, titreyen küçük bedeni hafifçe gıcırdayan yatağı sarsıyordu. Gecenin sessizliğinde yatağın gıcırtısının uyuyan babasının kulağına kadar gideceğini, onun da sesin nereden ve niçin geldiğini hemen anlayacağını sandı.

Korkudan titremeye başladı, yatağın gıcırdamasına engel olmak için nefes alıp verişini kontrol etmeye çabaladı, eğer hava zorla ciğerlerine girmese boğulacaktı. Gövdesi şiddetle sarsıldı, kaba bir gıcırtıyla yatağı da sarstı. Nergis yataktan fırladı.

Ayağa kalkar kalkmaz yatağın gıcırtısı kesildi, sessizlikte tek duyabildiği kendi nefes alıp verişiydi, bir süre sonra nefes alıp verişi de düzene girdi, hafifledi. Odası sessizleşince, yatmadan önce yıkanmadığını hatırladı. Pis bedenini ele geçiren günahkâr düşüncelerin sebebini bulmak onu çok rahatlattı.

Lavabonun önünde dikilip, bir yandan dua ederek yıkanırken mutfak kapısının arkasından bir ses geldiğini duydu. Nabawiya hâlâ uyumamış mı? Mutfak kapısını hafifçe itti ama kapı açılmadı. Sesi bir daha duydu, kulağını kapıya dayadı, kapının arkasında birisi hızla nefes alıyor ve hareket ediyordu. Gülümsedi, içi rahatladı. Nabawiya da kendisi gibi uyuyamamıştı, o da yeni çıkan poposunu keşfediyordu! Alnını kapıya yasladı, gözünü anahtar deliğine uydurdu ve mutfağı gözetlemeye başladı. Nabawiya'nın üzerinde uyuduğu küçük divan boştu ama mutfak zemininde kımıldayan bir şey gördü. Dikkatle baktı. Yerde yuvarlanan iki başlı et yığınını görünce göz bebekleri büyüdü. Kafalardan biri, uzun saç örgüleri sallanan Nabawiya'nındı. Öbür baş ise, uzun kanca burnuyla babasının başıydı! O anda bayılıp yere düşebilirdi, fakat gözleri sanki bir parçasıymış gibi anahtar deliğine yapışmıştı, bakışlarını yerde yuvarlanan büyük et yığınından alamıyordu, Nabawiya'nın yerdeki başı çöp kutusuna çarpıyor, babasının havaya dikilmiş olan başı lavabonun altına vurup duruyordu. Sonra hemen yer değiştirdiler, bu kez Nabawiya'nın başı lavaboya, babasının başı çöp kutusuna çarpmaya başladı. Sonra iki baş birden tencerelerin durduğu rafın arkasında kayboldu, artık sadece hızlı hareketlerle sallanan, pek çok bacağı olan bir deniz hayvanını ya da bir ahtapotu andıran dört bacağı ve yirmi ayak parmağını görebiliyordu.

Gözünü delikten nasıl ayırdığını, odasına gelmeyi nasıl başardığını bilemiyordu, aynasına baktı. Küçük başı sarsılıyor ve dönüyordu. Yorgun gözleri, bedeni ürperdikçe titreyen yuvarlak poposuna takıldı. Farkında olmadan elini elbisesini açmak için arkasına götürdü, o sırada babasının fotoğrafı ile gözgöze geldi. Eski korku dolu titreyiş bütün bedenini yeniden sarstı, az daha elbisesini indirip üzerini örtüyordu, ama kolu kımıldamadı. Başını önüne eğmeden babasının yüzüne bakmaya devam etti. Babasının gözleri yuvalarından fırlarcasına açılmıştı, uzun, kanca burnu yüzünü âdeta ortadan ikiye ayırıyordu. Panjurların arasından içeri süzülen gece meltemiyle titreyen uzun bir örümcek ağı burnunun tam ucuna takılmıştı.

Nergis örümcek ağına üfleyip uçurmak, babasının yüzünü temizlemek için fotoğrafa yaklaştı. Üflerken ağzından saçılan tükürükler fotoğrafa sıçradı ve örümcek ağı babasının

32

yüzüne iyice yapıştı. Bir daha üfledi ama daha da fazla tükürük saçtı. Bilinçsizce elini uzattı ve uzun sivri tırnaklarıyla ince, ipeksi tükürük ipliğini fotoğrafın üzerinden almaya çalıştı. Bu sefer ağı almayı başardı ama onunla birlikte fotoğrafın ıslak kâğıdını da yerinden çıkardı, parça parça olan fotoğraf parmaklarının arasından kayıp yere yuvarlandı.

AMA O BİR KATIR DEĞİLDİ

Bilincini kaybetmemişti, çevresinde olup biten her şeyin farkındaydı. Belki de her zamankinden daha net bir şekilde görebiliyor, her sesi duyabiliyordu. Ama kımıldamadı. Nefes almıyor gibi görünüyordu. Sanki göğsü inip kalkmıyordu. Göğsü gerçekten de inip kalkmıyordu. Yine de aslında gizlice nefes alıyordu. Gizlice nefes almayı nasıl başarıyordu? Ciğerlerinin hiç kımıldamadan ve ses çıkarmadan nefes alıp vermesi mümkün mü? Havanın burun deliklerindeki minik tüyleri kımıldatmadan göğsüne dolması mümkün mü? Hiç kimse, kendisi bile bilmiyor bunun nasıl olduğunu. Nasıl olduğunu bilmeden pek çok şey yapmayı öğrendi. Bazı organları kendiliğinden, farkına varmadan, eğitilmeden tuhaf ve yeni güçler kazandı. Bir gün içinde yüksek duvara tırmanmayı, dam penceresine bir sıçrayışla çıkıp bütün gücüyle demir parmaklıklara asılarak, tek elinin kaslarıyla bedenini kaldırıp parmaklıkların arasından o mucizevi, küçük gökyüzü parçasına bakmayı öğrendi.

Bedeni, bazı seslere, bakışlara ve işaretlere göre gerilmeyi ve büzüşmeyi, kasılmayı ve gevşemeyi, ortaya çıkmayı ve kaybolmayı nasıl beceriyordu? Bir amip ya da tek hücreli canlı gibi, yeni bir organı, gerekli bir özelliği bir anda nasıl oluşturabiliyordu? Yirmi yılı aşkın bir süredir taşıdığı, ağırlığını, becerilerini ve gücünü bildiği bu bedenin sanki kendi bedeni değilmiş gibi hızla bu kadar çok değişebileceğine kim inanırdı ki? Kim bilir kaç kere diş etiyle dudağının iç kısmı arasına katlanmış bir mektup sıkıştırmış, gardiyanın yanından geçerken gözlerini karşısına dikerek bütün iradesi ve hayatta kalma içgüdüsüyle içinden gardiyana mektubu fark etmemesini emretmişti. Gardiyan mektupları hiç fark etmemişti.

İşte bu yüzden, göğüs kafesi hareket etmeden nefes alıp vermesi, burun kılları kımıldamadan havayı içine çekmesi tuhaf değildi. Hayatta kalmanın tek yolu buydu. Çünkü göğsü inip kalkmadan kımıltısız kaldığı ve burun delikleri titremeyi bıraktığı anda, havada hareket eden bir şeylerin çıkardığı sert sesler duyulmaz oluyor, darbeler bedenine değil de hissettiği ve bildiği, et yumuşaklığında katı bir yığının üzerine inmeye başlıyordu. O andan itibaren korkunç acıyı duymuyor, hatta acı bile duymuyor, sanki sadece çekilip itiliyordu. İşte bu sırada bedeni ilginç ve olağanüstü bir güç kazanıyor, acıyı hissetmemeye başlıyordu. Sanki kalkıp inen kalın sopa *kendi* bedenine değil de, başka bir bedene, ama kendisininkine çok yakın yatan bir bedene vuruyordu. Bu beden, kendi bedenine o kadar yakındı ki belki de sandığı gibi başka birinin değil, kendi bedeniydi. İçindeki bu şüphe, belirsizlik ve karmaşa yüzünden acı da belirsiz ve şüpheli bir şeye dönüştü, neşe ve zevki andıran başka hislerle birleşti. Âdeta mutluydu. Yorgunluktan nefes nefese kalanın, kendisi değil de dayak atan polis olduğunu fark edince içinden gülmek geldi. Adam bir adım öteye uzaklaştı, bu kadar çabadan sonra acımaya başlayan ellerini ovuşturdu, soluk soluğa iç geçirdi. Onu o halde görünce, tıp kitaplarında açıklaması bulunmayan bir konumda, göğsü hiç inip kalkmadan yatmayı sürdürerek içten içe gülümsedi. Doktorlar insan bedeni hakkında ne kadar da cahiller. İnsan bedenini beş işe yaramaz duyunun yönettiği bir et parçası olarak tanımlıyorlar. Birdenbire ortaya çıkan duyular ya da organlarla ilgili hiçbir şey bilmiyorlar mı? Elbette, onun yaşamakta olduğu bu eşsiz deneyimi yaşamadan nereden bilecekler ki?

Çavuşun doğrulduğunu, gerindiğini, sopayı sağa sola salladığını, elinde şaklattığını, parmaklarıyla sopayı sıkı sıkı kavrayarak alnına vurmak için havaya kaldırdığını gördü. Memur Alawi de oradaydı, kısa boylu, şişman, beyaz tenliydi, üst dudağında, ağzı ve burnu arasında bir kanal oluşturan bir yarık vardı, tıpkı organlarını birbirinden ayıran çizgiler henüz netleşmemiş olan birkaç aylık bir cenine benziyordu yarık dudağı. Adamın tuhaf sesi kulaklarında çınladı, ağzından mı yoksa burnundan mı konuştuğunu anlayamıyordu: "Matbaa nerede seni kalın kafalı? Konuş! Sessiz kalmakla eline ne geçecek?" Bütün gücü ve direnci bedenini gevşek, başıboş, öylece uzanmış yatar halde bırakarak dudaklarına aktı. Dudakları bütün gücüyle kapalı tuttuğu iki ince ve keskin çizgiye dönüştü.

Genizden gelen o keskin ses beyninde çınlıyordu. Konuşma yetisini kaybetmişti. Konuşmak istemediği, dilini kımıldatacak gücü olmadığı, hafızasını kaybettiği, matbaanın nerede olduğunu unuttuğu ya da bir ilkeye, verdiği bir söze ya

36

da sorumluluk duygusuna sadık kalmak istediği için değil; çünkü artık böyle insani meseleleri ya da insani duyguları anımsamıyordu bile. Aslında artık insan bile değildi. Başka bir bedeni, başka organları olan bir yaratığa dönüşmüştü. Konuşma yeteneğini yitirmemişti, ağzını açıp "High Sokağı, 6 Numara," diyebilirdi. Bu kelimeleri her şeyden daha iyi anımsıyordu. Hatta hafızasında başka hiçbir şey yoktu. Evinin adresini, sokağının adını, annesinin yüzünü, senelerini verip öğrendiği jeoloji bilimini hep unutmuştu. Hafızası, "High Sokağı, 6 Numara" kelimeleri dışında her şeyi çıkartıp atmıştı beyninden.

Genizden gelen o keskin ses beyninde yankılanıyor, sesi sanki bir mikrofon gibi yutarak ve yükselterek dışarı veren kafa boşluğunda tuhaf yankılanmalar oluşuyordu.

"Matbaa nerede seni kalın kafalı? Konuş! Sessiz kalmakla eline ne geçecek?" Tavşan dudaklı Memur Alawi sessizliğin ona öldürebilecek kadar şiddetli, hatta ölümün kendisi kadar şiddetli bir dayak yemekten başka ne kazandıracağını bilemezdi. Memur Alawi'nin bilemeyeceği bir şey daha vardı; Alawi'nin bunu bilememesinin nedeni yüz hücrelerinin az gelişmiş olması ya da gerizekalı olması değildi, bilemeyecekti çünkü bu öyle tuhaf bir şeydi ki, hiçkimse bilemezdi. Kendisi bile, o anda o inanılmaz yerde olmasa, bunun ne olduğunu bilemeyecekti; bedeni ve ruhu birbirinden ayrılmıştı, fakat ikisi de ölmüyordu, bedeni ruhundan biraz uzaklaşmıştı, çok da değil, bir an ötede; bir saç telinin kalınlığı kadar uzaktaydı. Böyle bir anda bedeniniz artık sizi ilgilendirmez, çünkü artık sizin bedeniniz değildir, çektiği acı sizin acınız, bedeninizin kurtuluşu sizin kurtuluşunuz değildir. İşte bu anda, bir anın küçük bir parçasında, yaşama içgüdüsü eşit olmayan iki parçaya ayrılır. Büyük olan, sizin bütün olduğunu düşündüğünüz parça, kendisinden başka bir parça olmadığını düşünür, kendini tek sanır. Ama

37

diğer parça aslında çok yakında, bedeniniz kadar yakındadır. Bu olağanüstü olay işte böyle gerçekleşir. Ruhunuzun içine çekilir, etrafınıza bir kabuk örer ve sahip olduğunuz tüm yaşama içgüdüsü ile dolarsınız. Bedeniniz orada, çok yakınınızda, çıplak, gevşek ve uzanıp kalmış yatmakta, ne sıcağı ne soğuğu hissetmektedir. Tekmeleri, yumrukları, sopaları, dürtüklemeleri ayırt edememektedir. Bedeniniz için her şey aynıdır, atmosferin ve yerkürenin diğer bedenlere yaptığı doğal herhalde basınç gibi, gelip giden bir basınç etkisi gibi sıradandır herhalde.

İşte böyle bir anda, bedenin kurtuluşunun hiçbir anlamı yoktur. Yaşamak ya da ölmek aynıdır. Önemli olan, ruhunuzun; o peltemsi, hissedilir ama aynı anda hissedilemez noktanın kurtuluşudur. Bu bilinmez, gizli hayat damlası, bedeninizin varlığını hissedemediğiniz anda bile yaşamanızı sağlar, eğer bu hayat damlası kurur, buharlaşıp uçarsa, içinizdeki yaşam da kuruyup gider, bedeninizi hâlâ hissedebiliyor olsanız bile ölüm kaçınılmazdır.

Yaşama arzusunun bu damlacıkta toplanmış olması şaşırtıcı değildir, insanın bu damlacığın çevresine demir bir salyangoz kabuğu gibi sert, kırılmaz bir kabuk örmesi, ağzını sanki dudakları demirdenmiş, erimiş de kaynaşmış gibi sıkı sıkı kapaması tuhaf değildir. Tavşan dudaklı Memur Alawi bütün bunları hayal edebilir mi? Ağzı olmayan, demir kabuğunun altındaki minik boşlukta bütün hayatını ve sarsılan hafızasını kaynaşmış bir damlacık halinde saklayan demir salyangozu hayal edebilir mi? Bu biricik damlacık, tek bir şeyin yoğunlaşmış, damıtılmış halidir: matbaanın.

"Matbaa nerede seni kalın kafalı? Konuş! Sessiz kalmakla eline ne geçecek?" Genizden gelen ses hâlâ o anlamsız, boş soruyu tekrarlıyordu. "Sessizlik sana ne kazandıracak?" Tuhaf bir soru, duyduğu en tuhaf soru, milyonlarca soruya cevap veren, evrenle ilgili milyonlarca sırrı çözen insanlığın bu güne kadar asla cevap veremediği bir soru. Cevabı olmayan bir soru, hiçkimsenin nasıl sorulması gerektiğini bilmediği, soran kişinin niçin sorduğunu ve cevap olarak ne istediğini tam olarak bilmediği bir soru. Bunu biliyor, çünkü artık cevabı da biliyor. Herkesin bildiği o açık seçik gündelik bilgiyle alakası yok bu cevabın, bilgisizliğe benzeyen, bilinmeyen bir bilgiyle alakası var. Biliyor ki, içinde bir yerlerde bir merkez noktasına benzeyen, küçük, kesin ve görünmez, belki de orada olmayan, fakat bedeninde bir yerde varlığını hissettiği, içinde hayatın yoğunlaştığı küçük bir çekirdek var. Hayır, bedeninde değil, ama içinde, bir seraba benzeyen, aslında bir seraptan çok, bir görüntüye benzeyen, küçük bir atom gibi ayrıntılı, her an varlığını hissettiği, içinde koruduğu ve bir kabukla çevrelediği, sonsuza kadar tutunacağı, tanıdığı bir yerde bu çekirdek. Ona tutunacak, çünkü yaşamının sırrı o; varoluşunun ve yaşama isteğinin sırrı. Onu kendisini tanıdığı kadar iyi tanıyor, kendisi hakkında bilgisiz olduğu kadar onun hakkında da bilgisiz.

"Matbaa nerede? Konuş, seni kalın kafalı! Sessizlik sana ne kazandıracak?" Genizden gelen ses giderek daha da sertleşiyor. Etrafındaki kabuk giderek daha da büyüyor ve kalınlaşıyor. İçindeki damlacık daha da güvenli bir yerde, daha kendinden emin, daha saf, berrak, öyle ki üzerinde neredeyse harfler belirecek: High Sokağı 6 Numara. Kurşun renkli harfler parlıyor, iç içe geçiyor, birbirlerine karışıyorlar; kalınlaşıyor, inceliyor, ayrılıyor ve birleşiyorlar. Baskı makinasının demir harfleri arasında ezilen kâğıdın kokusu; başka kokular gibi burun deliklerinden giren bir koku değil bu, kafatasının kemiklerini aralayıp daha okumadan önce ne olduğunu bildiğiniz bir kelimeyle beyninize tecavüz eden bir koku. Baskı makinesi beyninizin içinde döner, kurşun harfler dişler gibi takırdar ve kelime doğar. Bu sadece bir kelimedir, bir kelimeden ibarettir, fakat aynı zamanda

39

her şeyin başladığı noktadır, hayat o noktada başlamış ve bir çizgi halinde şimdi yaşamakta olduğu ana kadar uzanmıştır; bir noktadan doğan ve şimdi yaşamakta olduğu peltemsi, kısacık an noktasına kadar uzanan bir çizgidir hayat. Kendisi kıvrılmış, bu kısacık başlangıç noktasının çevresinde yatmaktadır, bu nokta şimdi annesinin karnındaki bir cenin gibi kuşatılmış ve güvendedir.

Her şey daha da netleşiyor. Bir saç teli kadar net, uzun bir çizgiyi gözlerinin önüne getirmeyi başarıyor. Çizgi, High Sokağı 6 Numara'daki baskı makinesinden oluşan bir noktada başlıyor, içinde hapsolunmuş bir noktada sona eriyor. Kendisi de Memur Alawi'den, onun genizden gelen sesinden, kalın, eğri başlı sopasından başka hiçbir şey olmayan geniş, ıssız bir çölde yatıyor.

"Matbaa nerede seni kalın kafalı? Konuş! Sessizlik sana ne kazandıracak?"

Soru aynı soruydu, fakat cevap artık bilinmez değildi. Cevabı bildiğini, niçin konuşmadığını, sessizliğin ona ne kazandıracağını, bilinmez iki merkez -merkezlerden birinde kendisi vardı, öbürüyse tıpkı kişiliği gibi kendiliğinden içinde oluşuvermişti- arasında uzanan uzun çizginin ne anlama geldiğini söyleyemezdi. Ne olursa olsun, baskı makinesinin hâlâ High Sokağı'ndaki küçük dairede dönmeye devam ettiğinden emindi. Çarkları dönüyor, kurşun harfleri takırdıyor, dişlerinin arasındaki kâğıt dövülüyor, kâğıttan yükselen keskin koku beyni delip geçiyordu. Matbaanın yerini kokuyu takip ederek bulmaları mümkün mü acaba? Baskı makinesinin dönmesini durdurabilirler mi? High Sokağı'yla kendisinin içinde uzanıp yatmakta olduğu çöl arasındaki büyük uzaklığa rağmen, baskı makinesini görmesini sağlayan gözü oyup çıkarabilirler mi? Hayatının uzun çizgisinin başladığı ilk noktadan kendi içinde sakladığı hayat damlasına uzanan çizgiyi silebilirler mi?

Koku beyninden sızıyor olabilir mi? İnsan nefes almak, konuşmak ya da esnemek için ağzını açarsa "High Sokağı 6 Numara" kelimeleri dudaklarının arasından kaçıp bir anda havaya karışabilir mi? Bu mümkün mü? Kelimelerin dudaklarının arasından kaçma olasılığı bile yaşamını tehdit ediyordu, çünkü yaşamı, arasında uzun bir çizgi uzanan iki nokta demekti, kurtuluşu da bu iki noktanın arasında uzanan çizgiye bağlıydı. Her iki noktayı da korumak zorundaydı, çünkü bir noktanın kaybolması çizginin kaybolması ve öbür noktanın da yok olması anlamına geliyordu.

"Matbaa nerede seni kalın kafalı? Konuş! Sessizlik sana ne kazandıracak?"

Niçin sessiz kaldığını, niçin sımsıkı kapalı dudaklarını aralayıp esnemediğini, "High Sokağı, 6 Numara" kelimelerinin havaya karışmasına niçin izin vermediğini işte şimdi anlıyordu. Bir ilkeye bağlı kalmak ya da başkalarına verdiği bir sözü tutmak değildi amacı, çünkü burada başkalarına yer yoktu. Bedeni kendisine başkalarından daha yakındı ama kendi bedeniyle bile arasında bir saç teli kalınlığı kadar uzaklık vardı. Artık kendi varlığından bile şüpheliydi, başkalarını niye düşünsün? Asıl önemli olan başka bir şeydi. Ruhunun, özünün, bu özün kurtuluşuydu önemli olan, asıl önemli olan kabuğun içine hapsolmuş bekleyen özüne High Sokağı'ndan hava ve su taşıyan çizginin kurtuluşuydu. Önemli olan yaşamak ya da yaşamamaktı. Bedenin duyuları kalmadığına göre önemli olan fiziksel kurtuluş değildi, başka türlü bir kurtuluştu. Önemli olan iki noktanın arasındaki çizginin kurtuluşuydu. Bu iki nokta ve bu çizgi tam olarak neydi? İşte bunu hiç bilmiyordu.

Artık genizden gelen o keskin sesi de duymuyordu. Herhalde Memur Alawi ses tellerini dinlendirmek için bağırmaya ara vermişti. Hâlâ beton zeminde dolaşmakta olan dayakçı polisin sert adım seslerini duydu. Havaya kaldırılan bir sopanın sesini duydu, sopa bir an havada asılı kaldı, sonra ansızın indi ve yumuşak ete benzeyen bir şeye şiddetle çarptı, ama sopanın çarptığı et değildi, en azından kendi eti değildi, başkasının bedeni olmalıydı, kendisinden çok da uzakta değil, belki de bir saç kalınlığı kadar uzakta yatan ama yine de arasında mesafe olan bir bedendi bu. Eğer bir katır olsaydı çoktan ölmüştü, ama o bir katır değildi. Düşünmeyi, zorlukları yenmeyi, kazanmayı bilen, akla sahip bir insandı. Nasıl kazanacaktı, nasıl?

Hapsolmuş bir noktaydı sanki, havada serbestçe yüzmüyordu. Hapsolduğu kabuktan kurtulup bir atom gibi patlayamazdı, ağzı olmayan kalın, sert bir kabuğun içinde hapisti. Nasıl kazanacak, hangi güçle, hangi büyük, ezici, yıkıcı gücün yardımıyla kazanacak? Böylesine bir güce inanamıyor, sevincini ve gururunu saklamakta güçlük çekiyordu. Nasıl da gururlu! Her şeye rağmen kazanmayı başarıyordu. Dudaklarını sıkı sıkı kapamayı ve konuşmamayı başarabiliyordu. Baskı makinesinin dönmesini sağlamayı başarabiliyordu. Hayatın High Sokağı ve çöldeki ıssız bir nokta arasında akıp gitmesini sağlamayı başarabiliyordu. Kazanan kendisiydi. Mutluydu. Neredeyse ayağa kalkıp dans etmeye başlayacaktı.

Genizden gelen sesi bir kere daha duydu. İşte kendisi buradaydı, demir dudaklarını tek bir dudak gibi sıkı sıkı kapamış yatıyordu. Ağzını bir testereyle kesip açsalar bile boğazından dışarı bir tek hava atomcuğu bile çıkmayacaktı, çünkü boğazını da ağzı gibi kapatmıştı. Çünkü havayı içine çekip dışarı vermeden nasıl nefes alınacağını öğrenmişti.

"Sessizlik sana ne kazandıracak kalın kafalı? Arkadaşın itiraf etti. High Sokağı, 6 Numara." Genizden gelen sesti konuşan. Ağzından burnuna bir kanal uzanan adamdı. "High Sokağı, 6 Numara" diyen oydu. Sesi genizden gelen adam.

Ondan sonra neler olduğunu tam olarak anlayamadı. Ama ses kulaklarında bir patlama etkisi yapıyordu, sanki iyice şişirilmiş kocaman bir balon patlıyor, sanki uzun ince bir iplik ansızın kesiliyordu. Artık polisi görmüyor, genizden gelen sesi duymuyordu. Artık hiçbir şey görmüyor, hiçbir şey duymuyordu. Polisin kaba parmaklarıyla ayak bileklerini kavrayıp bedenini sürükleyerek onu kim bilir nereye götürdüğünü hissetmedi bile.

YALAN
※

Birdenbire çırılçıplak kaldı.

Giysilerini nasıl çıkardığını bilmiyordu, ama kadını birdenbire çıplak bir erkekle karşı karşıya bırakıp, oldubittiye getirerek suç ortağı yapmak istiyordu. Çıplaklık, kadınla arasındaki ilişkinin gelişeceğine dair bir teminattı. Artık sabrı kalmamıştı. Şu an tehlikeyle doluydu, gelecek belirsizdi. Fazla zamanı kalmamıştı, gençlik akıp gidiyor, orta yaş hızla yaklaşıyordu, neredeyse kırk yaşındaydı artık. Gücü giderek azalıyor, kalbinin yanıp tutuştuğu anlarda bile bedeni ona ihanet ediyordu.

Soyunmadan önce kadına sıradan bir şeyler anlatıyordu. Sıkıcı bir konuda konuşuyorlardı. Belki bilimsel, politik ya da felsefi bir konu. Kadın modaya uygun bir elbise giymiş karşısında oturuyordu. Yüz ifadesi ne kışkırtıcı ne baştan çıkarıcıydı; alçakgönüllü kadınların yüzlerinde rastlanan şehvetten eser bile yoktu yüzünde. Tam tersine, yüz ifadesi çekici değil iticiydi. İnsanın hastalıktan, ölümden ya da bir kere etkisi altına girdi mi bir daha kurtulamayacağını bildiği bir şeyden tiksinmesi gibi, kadının yüz ifadesinden de tüm benliği ile, karşı koyamadan tiksiniyordu.

Aynada kendi bedeninin çıplak yansımasını görünce, "İstesek de istemesek de hepimiz ölüme adım adım yaklaşıyoruz," dedi kendi kendine. Tam yirmi yıldır beş çocuğunun anası olan, namuslu, utangaç ve elbiselerini çıkarmadan sevişen iffetli karısı ile yaşıyordu.

Kafasını çevirirken gözleri aynada bir maymununki kadar kıllı göğsüne ve hamile bir kadınınki kadar büyük göbeğine takıldı. Göbeğinin bu kadar şiştiğini hiç fark etmemişti. Fark edilmeyen bir hızla her gün biraz daha şişiyordu, pantolonları her gün birazcık, yarım milimetre kadar daha daralıyordu. Ama yavaş yavaş da olsa, şişkinlik giderek artıyordu. Onlarca, yüzlerce, binlerce gün geçiyor, milimetreler de yirmi yıldır birer birer artıyordu.

Kadın eline bir kitap almış oturuyordu. Adamın ağırbaşlılıkla koltuğunda oturduğunu, kendisiyle sohbet etmekte olduğunu biliyordu. Kelimeler duraksamaksızın adamın ağzından dökülüyordu; sanki tükürüğünü çiğniyor, sonra da kelimeleri ince ve ipeksi, düzgün bir tükürük ipliği gibi ağzından sarkıtıyor, bu iplikçik karışıp dolaşıyor, bir koza gibi yoğunlaşıyordu. Belki de bir harf, bir su damlası ya da baloncuk gibi kendi başına ağzından uçup gidecek, sonra eşyalardan birinin üzerine yapışacaktı.

Kadın dikkatle adamı dinliyordu. Adam sıradan bir misafir değildi. Uzun yıllar boyunca kocasının arkadaşlığını paylaşmıştı, onların arkadaşlığı kendisi kocasıyla evlenmeden önce de vardı, bu adam kocasının en eski tanıdıklarından biriydi. Eğitimli bir adamdı. Kadın bunu onun dikkatle kontrol ettiği mimiklerinden, başını eğişinden, sımsıkı düğümlenmiş kravatından anlıyordu. Kravatı sanki asla açılamazmış gibi sıkı bir düğümle bağlanmıştı, sanki boynunda kravatıyla yatıyor, kravatıyla kalkıyordu, hatta sanki boynunda kravatla doğmuştu. Ya iki sıra düğmeli ceketi, dikkatle düğmelenmiş pantolonu ve dizlerini bitiştirip bacaklarını sımsıkı kapayarak sıkılgan bir kadın ya da bakire bir kız gibi oturuşuna ne demeli? Evet, onda giysilerini hiç çıkarmayan, hatta istese bile giysileri asla çıkmayan bakir bir erkeğin duruşu vardı.

Adamın evdeki varlığı, kocası evde olmasa bile kadını hiç rahatsız etmiyordu. Kendisi ne isterse yapıyor, yazı yazıyor ya da kitap okuyor, adamın da sandalyesinde oturup istediği gibi konuşmasına izin veriyordu. Diyelim ki kalemi yere düşüp masanın altına yuvarlandı, hiç çekinmeden eğilip yerden alabiliyordu kalemini. Eğilirken kısa ve dar eteği açılsa bile utanmıyordu. Adam ona bakmazdı ki. Baksa bile bakışları sanki boşluğa bakıyormuş gibi rahat ve sıradan bir biçimde havada asılı kalırdı, yüz ifadesi her zaman kibardı. Sürekli konuşması bile rahatsız etmiyordu kadını, hatta eğlendiriciydi, çünkü böylece adam evdeyken radyoyu açmasına gerek kalmıyordu.

Adam arkasını aynaya döndü ve ayakta dikilmeye devam etti. Kadın, karşısındaki koltukta oturuyordu, bacakları yarı örtülüydü, çağdaş bir kadının doğal oturuşu ile bırakmıştı bedenini koltuğa. Bacaklarının arasındaki karaltıyı rahatlıkla görebiliyordu. Uluslararası siyasetten yaradılış kuramına, dinden kaderciliğe kadar pek çok konudan söz etmişti. Ama konuşurken boyun kasları kasıldı ve birdenbire boğazından bir gıcırtı çıktı, bu sesin duyulacağı korkusu ile sesini çağdaş görgü kurallarının gerektirdiğinden biraz daha fazla yükseltmek zorunda kaldı. Utandı, ama sesinin modern mobilyalarla döşeli salonda yankılanışını duyunca birdenbire ses tonunu sevmeye başladı, kelimeleri telaffuz ediş biçimi içini neşeyle doldurdu.

Kadın, elinde kitabıyla koltukta oturuyordu, gözleri sayfanın başında bir satırı takip ediyordu. Gözleri kelimeden kelimeye atlayarak ilerlemiyordu aslında. Kitapları gerçekten seviyordu, fakat ne kadar sevse de kitap okumaktan bir o kadar hoşlanmıyordu. Kendine engel olamadı, bakışları okumakta olduğu cümleden manikürlü, pençe gibi sivriltilmiş, gümüş renge boyalı tırnaklarına kaydı. Pahalı kâğıdın kokusu parmak uçlarına sinerken kendisi ve kültür arasında somut bir bağ oluştuğunu hissetti.

Adam ayakta durmaya devam ediyordu, sırtı aynaya dönüktü. Kadın kafasını kitaptan kaldırıp kendisine bakmamıştı. Karşılıklı böylece dururlarken sesi birdenbire kesildi, kadın otomatik bir hareketle elini radyoya doğru uzattı, oda kuran okuyan ciddi bir sesle doluverdi. Radyoda bu kadar ağırbaşlı olmayan başka bir program, mesela bir tiyatro ya da bir şarkı olsaydı, belki yerinden kımıldayabilecekti, fakat radyodan yükselen ses kuran okuyan ciddi bir sesti, o yüzden kımıldamadan olduğu yerde dikilmekten başka bir şey yapamadı. Mevsimlerden kıştı; tam olarak söylemek gerekirse ocak ayının son günüydü. Sağlam ve sıkı sıkı kapalı pencerelere rağmen omurgasından yukarıya bir ürperti yükseldi. Uzanıp ayakucunda duran giysilerden birini almayı düşündü, ama eğer kımıldarsa, radyodaki kuran suresi bitmeden kadının dikkatini çekeceğini düşünerek korktu ve vazgeçti. Tek yapabildiği sıcaklığını yer döşemelerine yaymakta olan pahalı İngiliz yününden kazağına üzgün bakışlarla bakmaktı. Kazağın yanında sıkı, saygın düğümü ve uzun, dar, parlak kuyruğu ile kravatı, onun yanında da göbeğinin büyüklüğünü ve bacaklarının biçimini belli eden kaba pamukludan donu yatıyor, görgü kurallarına aldırış etmeden merhametsizce ve alçakgönüllü bir biçimde bedeninin çirkin özelliklerini yansıtıyordu.

Kuran suresi sona erdi. Adam ilk olarak hangi hareketi yapabileceğini düşünmeye başladı. Kollarını kımıldatmak çok uygunsuz kaçacaktı. Belki de farkında olmadan onları kımıldatmıştı, çünkü kol altlarındaki uzun kıllar görünüyordu. Kadında hâlâ en ufak bir utanma belirtisi yoktu. Bacakları yarı örtülü, oturmuş kitabını okuyor, kitap okuyan çağdaş bir kadının rahat oturuşuyla oturuyor, kültürlü bir insan gibi kendisini kitaba kaptırmış görünüyordu. Adam ne kadar derin, ya da kültürel olursa olsun hiçbir meşguliyetin çıplak bir adam ve bir kadının arasında girebileceğini hiç düşünmemişti, böyle bir şeyi rüyasında görse inanmazdı.

Radyodaki sesin kesildiğini fark edince kadın çekinerek elini düğmeye uzattı, başka bir kanal aramaya koyuldu. Gök gürültüsü gibi bir ses haberleri okumaya başladı. Tek başına olsaydı başka bir kanal arayabilirdi ama adamın eğik başı ve sımsıkı düğümlü kravatıyla, dikkatle iliklenmiş iki sıra düğmeli ceketiyle, bacakları ağırbaşlılıkla bitiştirilmiş olarak haberleri dinleyen çağdaş bir adam gibi oturmuş radyoyu dinlediğini biliyordu. Gözleri okumakta olduğu cümleden uzaklaştı, kaçamak bakışlarla yumuşak beyaz kollarını seyretmeye başladı, göze batan birkaç tane kıl görünce güzellik uzmanından yeni bir randevu alma zamanının geldiğini fark etti.

Adamın kafası karışmaya başlamıştı. Kadının dikkatini çekmek için ne yapması gerekiyordu? Sokaklarda oynayan çıplak ayaklı bir çocukken yaptığı gibi parmaklarını ağzına götürüp bir ıslık mı çalmalıydı? Belki de parmaklarını gerçekten de ağzına götürdü ama ıslık çalmadı. Ağzındaki kaslar artık öyle kaba sesler çıkarmayı beceremiyordu. Bir heykel gibi kaskatı ve hareketsiz, dikilmeye devam etti. Oda ansızın sessizleşti. Galiba elektrikler kesilmişti. Kadın kafasını kitaptan kaldırırken oda karanlığa gömüldü. Eğer adam bir adım geri çekilmese kadın kütüphaneye giderken ona çarpacaktı. Elinde başka bir kitapla döndüğü zaman elektrik gelmişti, adam bütün kıyafetleri üzerinde, ağırbaşlı bir tavırla her zamanki sandalyesinde oturuyordu.

KARE

※

Kendisine ayrılan, sınırları santim santim ölçülerek belirlenmiş karenin içinde yatıyordu, altında soğuğu ve nemi banyo seramikleri gibi yayan sert ve dümdüz zemin; çevresinde, yumuşak, sıcak ve yapışkan, her biçimde ve boyutta et yığınları vardı; kollar, bacaklar, kafalar, sırtlar, karınlar... Sıcaklıklarına ve nefes kokularına bakılırsa hepsi insandı. Belki de *hepsi* insan değildi. İnsan olup olmadıklarını anlayamıyordu. Bir atın ya da eşeğin yanında hiç yatmamıştı, o yüzden aradaki farkı bilmiyordu; yine de hepsinin insan olduğuna emindi. Kendisinin de onlardan biri, yani bir insan olduğuna inanıyordu, ama emin değildi. Burada hiçbir şey olduğu gibi görünmüyordu, hatta o kadar farklı, o kadar değişik görünüyorlardı ki, bazen aslında oldukları şeyin tam tersiydiler. Emin olma hissi bile eskiden hissettiği gibi değildi, kesinlikten çok uzaktı, hatta daha çok şüpheye benziyordu. Şüphe de şüphe gibi değildi, daha çok şüphe ve kesinlik arasında gidip gelen, ne şüphe ne kesinlik olan tuhaf bir şüpheydi. Bazen hepimiz yaşarız bu duyguyu, kimi zaman uyurken, aslında uyurken değil de uyumadan hemen önceki o kısacık anda, bilincimizi kaybetmeden ya da ölmeden hemen önce, kesinlik ve şüphe arasında gider geliriz. Tarifi olmayan bir andır bu; ölen, öldükten sonra dirilen ve kalemi eline alıp yaşadıklarını ayrıntılarıyla yazmaya kalkan biri hariç kimsenin tarif edemeyeceği bir andır. Böyle biriyse asla olmamıştır.

Fakat, onun için hiçbir sorun yok şimdi. Bizi ilgilendiren hiçbir konu onu ilgilendirmez. Hatta şu an yaşadıklarının kesinliği olup olmadığını, yerde yatıp yatmadığını, yaşadığı şu anın uyanıklık mı, uyku mu yoksa ölüm mü olduğunu bile düşünemeyecek halde. Bunların hepsi, onu ilgilendirmeyen küçük ayrıntılar, çünkü o şimdi çok daha önemli bir konuda kaygılanıyor, kendisini çok daha gerekli ve hayati bir şeye, çok daha temel bir gerekliliğe kaptırmış. Bu ihtiyaç hakkında düşünmek bizim aklımıza bile gelmez çünkü bizim için çok da gerekli değil, daha doğrusu, gerekli bile olsa bizim o gerekliliğe ihtiyacımız yok; biz ona her zaman sahibiz, tıpkı yorulmadan içimize çektiğimiz hava, üzerinde yürüdüğümüz, koştuğumuz, ağırlığımız yüzünden çökmeyen toprak gibi.

Fakat o bizden biri değil. Daha doğrusu, artık bizden biri değil. Onun için çok şey değişti. Sıradan insanların yaşamındaki aşamalı, yavaş değişim gibi değil, ansızın oldu bu değişim. Öfkeden kudurarak her şeyi silip süpüren bir fırtına, her şeyi yutan geçen bir sel, ya da her şeyi yok eden bir deprem ya da yanardağ gibi. Böylece bir anda her şey, bi-

51

lincin uyanışını takip eden günün ilk anları sırasında, adam daha uykusundan uyanmadan, giysilerini ve ayakkabılarını ' giyemeden değişiverdi. Evet, takım elbisesini giymeye, ayakkabılarını ayağına geçirmeye vakti yoktu, ama o, yine de evden giyinik çıkmaya kararlıydı. Evinden ayakkabısız giysisiz nasıl çıksın ki? Giysilerini üzerine geçirirken çok kıymetli birkaç saniye kaybetti, yan odada uyuyan küçük oğluna veda etmeye zamanı kalmadı. Evden ayrılırken oğluna veda edememiş olmanın sıkıntısını yaşamıştı, gerçi artık hiçbir önemi yoktu bunun. O an takım elbisesini ve ayakkabılarını giymek daha önemli görünmüştü gözüne. Müdürüyle akşam yemeği yemek de oğluyla baş başa bir gece geçirmekten daha önemli geliyordu ona bir zamanlar. Zaten müdürüyle ilgili her şey çok önemliydi eskiden. Oysa şimdi takım elbisesini ve ayakkabılarını çıkarmıştı, artık onlara ihtiyacı yoktu, küçük oğluysa sabah uyandığında babasının ona veda etmeden ortadan kaybolduğunu görecekti.

Gerçi artık bunların hiçbiri önemli değil. Oğlunu düşünmese de olur. Burada başkaları hakkında düşünmek bir lüks. Daha önce böyle büyük ve uçsuz bucaksız olduğunu hiç fark etmediği kendi bedeninden başka bir şeyi, kendisinden başka birini düşünmek ne de büyük bir lüks. Daha önceleri bedeninin boyutunu hiç bilmiyormuş meğer. Boyunu ve kilosunu biliyordu, ama ya bedeninin boyutunu? Hangimiz bedenimizin boyutunu, ölçülerini, kapladığı alanı düşünürüz ki? Hiçbirimiz düşünmeyiz, düşünmemize gerek yoktur, çünkü gökyüzü ve yeryüzü arasındaki mesafe bütün insanlara yetecek kadar geniştir; yetecek kadar geniş.ne demek; yetmekle kalmaz artar bile.

Oysa artık hiçbir şey eskisi gibi değil. Her şey korkutucu bir hızla değişti. Artık gökyüzü yok, onun yerine üzerinden ince metal parmaklıklar fırlayan yüksek bir duvar var. Yer de atık topraktan değil, kareli bir defter gibi özenle çizilmiş karelerden oluşan beton bir zemin. Kendisi de bu karelerden sadece bir tanesine sahip. Bir cetvel alın, istediğiniz kadar ölçüp biçin bu karenin boyutlarını, bir santimetre bile artıp azalmadığını göreceksiniz.

Fakat artık daha sonra olacakları düşünmüyor, karenin büyüyüp büyümeyeceğini, kendisine ayrılan yerin artıp atmayacağını hiç düşünmüyor. Bu konu onu ilgilendirmiyor, çünkü gelecekle ilgili düşünebilmek sadece şu anı aşabilen, şimdiki zamanı alt edebilen insanlara ait bir lükstür. Oysa o şimdiki zamanda yaşıyor, daha doğrusu, şimdiki zaman onu yaşıyor ve içinde barındırıyor. Şu anın içinde yaşıyor, şimdiki zaman da bir örümcek ağı gibi sarıp sarmalıyor onu. Bu bile, başlı başına tuhaf ve korkutucu bir düşünce, çünkü kendisi anı yaşayıp geride bırakacağına şimdiki zaman onu yakalıyor, başını döndürerek olduğu yerde tutuyor ve içine hapsediyor.

Yine de o kadar da tutsak düşmüş değil. Fakat istese bile ortadan kaybolamıyor. Her şeye rağmen orada kalıyor, var oluyor. Gerçekten de, varlığı farkında olduğu tek şey; hissettiği tek şey de bedeni. Daha önce varlığının hiç bu kadar farkında olmamış, bedenini hiç bu kadar çok hissetmemişti. Bir et parçası olsa da bedenin bizim her zaman farkında olmadığımız bir boyutu ve ağırlığı vardır. Bu boyutu ve ağırlığı hiç duraksamadan, varlığını hissetmeden yanımızda her yere götürürüz. Yemek yediğimiz zaman hiç sorun çıkarmadan yemek yer, seviştiğimiz zaman hiç utanmadan bizimle birlikte sevişir, uyuduğumuzda da uyur.

Ama bu adam için her şey değişti. Nasıl oldu da değişti, ya da niçin değişti, hiç bilmiyor. Hiçbir şey bilmiyor. Tek bildiği bir zamanlar bir insan olduğu; bir karısı, bir çocuğu, bir evi ve üzerinde uyuduğu bir yatağı olduğu. Kapısında kapıcısı bekleyen bir bürosu, bölüm şefi olan bir patronu vardı. Çok çalışırdı. Bütün gün çalışır, geç saatlere kadar mesaiye kalırdı. Yaptığı işin tam olarak ne olduğunu bilmiyordu, ama güvenle çalışırdı, yaptığı iş için makul bir ücret alırdı. Saygıdeğer bir adamdı, dinin gereklerini yerine getirir, içki içmez, kumar oynamaz, hırsızlık yapmaz, yalan söylemezdi. Aslında belki de zaman zaman yalan söylüyordu; kimseye zararı olmayan cinsten yalanlar. Bölüm şefiyle birlikte akşam yemeğine çıkar, karısına da bir toplantıya katılacağını söylerdi. Karısı hariç kimseyi öfkelendirmeyen cinsten, böyle beyaz yalanlar söylerdi işte. Karısının öfkesi de sözünü etmeye değer bir öfke değildi, çünkü onu öfkelendirmekten söz ederken hiç çekinmiyordu.

İnsanlardan biriydi işte; üç odalı bir evi, üzerinde uyuduğu ve bir engelle karşılaşmadan bacaklarını rahatça gerebildiği bir yatağı olan, sıradan, saygıdeğer, çevresinde iyi tanınan bir adamdı. Peki ne gelmişti başına? Ne zaman?.Nasıl olmuştu bunlar? Niçin gelmişti başına bu iş? Bir tür ceza mıydı bu başına gelenler? Eğer cezalandırılıyorsa bu cezayı hak edecek ne yapmıştı? Bu cezayı kim vermişti, kim onaylamıştı?

Bizim aklımıza gelen pek çok soru onun aklına gelmiyor. Çünkü sorular geçmişe ve geçmişle ilgili düşüncelere yöneliktir, tıpkı şimdiki zamanı aşabilen, şu anı alt edebilen insanlara ait bir lüks olan gelecekle ilgili düşünceler gibi. Ne yazık ki, kendisi şimdiki zamanın pençesinden kaçamıyor. Anın içine yuvarlanmış, zaman onu kuşatıyor, engelliyor, sonsuza kadar hapsolduğu anın içinde dönüp durmaktan başka bir şey gelmiyor elinden, kendini bırakmazsa boğulacak, ölecek ve yok olacak.

Bunu istiyor; ama bir türlü yok olamıyor. Bedeni hâlâ kendi bedeni, sandığından daha büyük bir bedeni varmış meğer. Bedeninin bu kadar büyük olduğunu, gererek uzattığı zaman bacaklarının bu kadar uzadığını hiç farketmemişti. Keşke daha ufak tefek olsaydı, keşke bacakları daha kısa olsaydı. Belki o zaman daha rahat kıvrılıp yatabilirdi. Belki kendine ayrılan yere, bu küçücük kareye daha rahat sığabilirdi. Sınırları bir cetvelle ölçülüp hesaplanmış olan bu kare, bedeni ne kadar büyük olursa olsun, bacakları ne kadar uzun olursa olsun, ne kadar yüksek mevkide olursa olsun, bölüm şefiyle arası ne kadar iyi olursa olsun bir santimetre bile büyümüyordu. Burada herkes eşitti, şişman ve zayıf, uzun ve kısa, eğitimli ve eğitimsiz, kapıcı ve müdür; hepsi eşitti. Aynı kumaştan giysiler giyiyor, aynı tabaktan yiyor, aynı kaba işiyor, eşit büyüklükte karelerin içinde yatıyorlardı; bir tarağın dişleri gibi birbirleriyle aynıydılar.

Bu eşitlik bile başlı başına ürkütücü, hatta korkunçtu. Herkes aynı tabaktan yediği, aynı giysiyi giydiği, aynı kaba işediği, ya da boyutları eşit karelerin içinde yattığı için eşit değillerdi. Eşitlik söz konusu değildi, sadece bir eşitlik *hissi* vardı, yan yana sıralanmış yatan et yığınlarından biri olma hissiydi bu. Kendisini öbür et yığınlarından ayıran hiçbir şey yoktu, başka biri olmadığını, kendisi olduğunu kanıtlayabileceği hiçbir ipucu yoktu. İsmi, unvanı, giysisi, rütbesi, kimliği, hatta imzası ya da parmak izi bile yoktu. Aslında eşitlikten nefret etmiyor, daha doğrusu eskiden nefret etmiyordu. Eşitlik hakkında çok okumuştu, okudukları onu heyecanlandırmıştı. Çoğu kez dilenci bir çocuğu görünce üzülmüş, iyi beslenmiş zengin bir adamı görünce öfkelenmişti. Sık sık üzülmüş ve sık sık öfkelenmişti, gerçekten hissetmişti bunları. Hatta o kadar derin hislerdi ki bunlar, pek çok kere gözlerine yaşlar dolmuştu öfkesinden ya da üzüntüsünden. Gerçi artık hiçbir şey hatırlamıyor, çünkü hafıza sırt üstü uzanıp bacaklarını gererek arkasına yaslanabilen insanların keyfini sürebileceği bir lüks. Fakat o, bacaklarını gererek arkasına yaslanamıyor, çünkü daracık bir karenin içinde oturmak zorunda, her yandan kollar, bacaklar, kafalar ve karınlarla çevrilmiş, her yandan sıkıştırıyorlar onu.

Bütün gücüyle kıvrılmaya, büzülmeye, toplanmaya, kaybolmaya, kendine ayrılan yere sığmaya, karesinden dışarı taşmamaya çalışıyor. Bunu nasıl başaracağını bilmiyor, kocaman gövdesini bu kadar dar bir alana nasıl sığdıracağını, nasıl kıvrılıp bir cenin kadar küçüleceğini bilmiyor. Nasıl başaracağını bilmiyor, ama başarmak zorunda olduğunu biliyor. Başka yolu yok. Kendisine ayrılan yer belli, kare şeklinde bir alan, bir santimetre bile büyümeyecek. Bedeni hâlâ kendi bedeni, uzunluğu ve genişliği aynı, bir cenin kadar küçülmesine olanak yok. Yine de kendisine ayrılan kareye sığmak zorunda. Evet, sığmak zorunda. Niçin sığmak zorunda? Nasıl sığacak? Bilmiyor, ama bunu yapmak zorunda olduğunu biliyor. Belki çok fazla, insanüstü bir çaba gösterirse başarabilir, ya da belki çok zaman geçmesi gerek, belki de bir mucize oluverir, fakat bunu ki en sonunda başaracağını biliyor.

Fakat hiçbir şey olmuyor. Bedeni her zamanki boyutunda kalıyor. Çevresinde sıcak, yapışkan kollar, bacaklar, kafalar ve karınlar var, her tarafını çevirmişler, onu ezdikçe eziyorlar. Yine de küçülüp büzülmüyor, biçimi ve boyutları da değişmiyor, bir cıva damlası gibi her türlü fiziksel baskıya dayanıyor, üzerine binen ağırlık ne kadar fazla olursa olsun bir damla cıva olarak kalıyor. Bir damla cıvadan daha güçsüz de değil. Bütün gücüyle karşı koyuyor; bütün gücüyle bedeninin boyutlarına, bacaklarının uzunluğuna, etinin ve kemiğinin yoğunluğuna karşı koyuyor, bütün azmi ve isteğiyle karşı koyuyor. Ara vermeden, gevşemeden, umutsuzluğa kapılmadan karşı koyuyor. Kıvrılıyor, büzülüyor, daracık bir delikten geçmeye çalışan bir yılan gibi; tıpkı bir yılan gibi eğilip bükülüyor. Aslında tam olarak bir yılan gibi değil, çünkü o bir yılan değil bir insan, daha esnek, daha kuvvetli, daha yetenekli. Bir bürosu, bir kapıcısı ve bir bölüm şefi vardı. Bir karısı, bir çocuğu ve üç odalı bir evi vardı. Bir yatağı vardı, evet, üzerine yatıp bacaklarını gerdiği, sırtüstü ya da yüz üstü uzandığı, gözlerini kapayıp üzerinde rüyalar gördüğü bir yatağı vardı. Herkes gibi o da rüya görürdü, istemli ya da istemsiz. Bölüm şefiyle birlikte gittiği akşam yemeklerinin, sürpriz bir terfi haberinin, insanlar arasında eşitliğin rüyasını görürdü. Evet, geceleri herkes gibi rüyalar görürdü. Belki şu anda da rüya görüyordur. Fakat üzerinde yattığı yatağı değil; banyo seramikleri gibi sert ve nemli bir zemin. Gözleri de kapalı değil, bacaklarını da uykudaki gibi düz uzatmamış, karnına ve sırtına toplamış. Bacakları nasıl bu kadar çok bükülebiliyor? Eklemleri nasıl bu kadar esnekleşti? Kemikleri nasıl eğilebiliyor? Bilmiyor. Eskiden bir yoga uzmanı falan değildi, sadece gerekli olmadığı sürece tek kasını bile kımıldatmayan sıradan bir adamdı. Hareketsizlikten eklemleri kurumuş, sertleşmişti. Bazen ayağa kalkarken, otururken eklemleri tıpkı paslı kapı kirişleri gibi gıcırdardı. Gerçi onun için fark etmiyordu, çünkü ne de olsa eklemleri çatırdamasına rağmen yürüyebiliyor ve oturabiliyor, ayağa kalkabiliyor, yemek yiyebiliyor, sevişebiliyordu. Ayrıca tek çatırdayan onun eklemleri değildi. Sık sık iş arkadaşlarının, hatta bölüm şefinin eklemlerinden de aynı seslerin çıktığını duyuyordu.

Bunların hepsi korkutucu bir hızla değişmişti. Bu büzüşmüş, yuvarlanmış yığının bir insan yığını olduğunu, ya da çözüldükten sonra bir insan olacağını kimsecikler tahmin edemezdi. Kimse bunu hayal bile edemezdi. Tahmin etseler ne olur, hayal etseler ne olur? Bu durum gerçeğin ta kendisi; poposunun altındaki sert ve soğuk döşeme kadar, burun deliklerini dolduran sıcak insan kokusu kadar gerçek, boyu, kilosu ve bedeni kadar gerçek... Hatta o kadar gerçek ki bunun yanında başka hiçbir şey gerçekmiş gibi görünmüyor, başka hiçbir şey yok, hiç olmadı. Bürosu, kapıcısı, bölüm şefi, karısı, oğlu, evi hatta yatağı bile. Belki de eski yaşantısı bir rüyaydı, sadece çok uzun bir rüyaydı. Eski yaşantısı belki sadece bir umut, yansılama ya da hayaldi. Şimdi o koca bedeniyle birlikte kendisi için belirlenmiş daracık yerde; oraya sığmaya çabalıyor. Başaramıyor. Sığması gereken kare bedeninden daha ufak, bedeni sığması gereken kareden daha büyük. Ama sığmak zorunda, bu an geçmek zorunda. Onu bir dizgin ya da zincir gibi hapseden, kuşatan, sınırlayan an, bu geniş ve sürekli büyüyen, sonsuzluğa uzanan an sona ermeli. Bir an nasıl olur da bu kadar uzar? Anlar daha önce nasıl hemencecik geçiyordu? Bu an da geçip gidecek mi? Bilmiyor. Fakat geçmesi gerektiğini biliyor. Belki de uzun zaman sonra geçip gidecek. Ne kadar uzun zaman sonra, işte onu bilmiyor. Belki de çok fazla, insan üstü güç harcarsa? Yine de en sonunda geçecek bu an. Hayattaki başka bir an gibi geçecek, gidecek. Belki de aynı rahatlık ve kolaylıkla uçacak gidecek bu an...

ERKEK

※

Ancak çok az insanın yaşayabileceği kadar ender bir anda şansı ona oyun oynadı. Başka bir deyişle, şansı ona ihanet etti. Çünkü aniden, sebepsiz yere, tüm çıplaklığıyla hayat ve gerçeklerle yüz yüze geldi. Sanki tepesine bir yıldırım düşmüş, tüm sırlarını beraberinde götürerek aniden ölmüştü. Böyle ani darbeler karşısında dayanıklı çıkıp hayatta kalanlar da bilinç ile bilinçsizlik arasında bir yerde takılır kalır, gerçekle gerçek olmayanı, uyanıklıkla uykuyu birbirinden ayırt edemeyecek kadar allak bullak olurlar.

İşte Hadiye böyle bir anda uzanıp kapıyı açtı. Gördükleri karşısında sanki elektrik çarpmış gibi hareket etme ve konuşma yeteneğini yitirdi; olduğu yere çakılıp kalmış, damarlarındaki kan donmuştu. Canı bedeninden çekilip gözlerine yoğunlaşmıştı sanki; gözleri görmeye devam etmese, kalbi çarpmayı bırakır, canı bedenini tümden terk ederdi. Gerçek mi yoksa düş mü olduğunu bilmese de, Ashmawi'yi açık seçik görmüştü. Kıvırcık saçlarını, esmer boynunu ve kalın ensesini bir bakışta tanımıştı. O anda, her gün gördüğü, tam on yıldır birlikte yaşadığı adam gibi değil, yabancı biri gibi görünmüştü ona. Belki gördüklerine hiçbir şey hissetmeden, bir film ya da oyundan bir sahne izliyormuş gibi bakmasının nedeni buydu; sanki bir sirkteydi ve hayvanların olağanüstü numaralarına şaşıp kalan, "Aman Tanrım!" diye haykıran bir başkasıydı.

Hadiye ağzını açıp, şaşkın ve boğuk bir sesle, "Aman Tanrım!" diye bağırınca, faltaşı gibi açık, dehşet dolu iki çift göz üzerine çevriliverdi. Öyle korkmuştu ki, bir an bu gözlerin insan gözü olabileceğini düşünemedi; ama hemen sonra sarıya çalan beyazından ve düşük göz kapaklarından Ashmawi'nin gözlerini tanıdı. Öbür gözlerse, kanlı canlı bir insana ait olmaktan çıkıp, bir film karesi gibi bir an görünüp yok oldular.

Ashmawi'nin de ilk başta aklı karışmıştı, üzerine dikilen gözlerin Hadiye'nin çukura kaçmış, öfke dolu gözleri olup olmadığından emin olamadı. Olan bitenin gerçek mi, yoksa bir kâbus mu olduğunu o da anlayamamıştı. Rüya görmediğinden emin olmak için farkında olmadan elini uzatıp kendi bedenine dokunduğunda parmakları çıplak sırtına değdi. Gerçek, ağır bir duvar gibi üzerine çöküp onu hareketsiz bıraktı. Tek yapabildiği yüzünü kalın İran halısına gömmek oldu, ama bedeni olduğu yerde, gözler önünde, çıplak, korunmasız kalakaldı. Hadiye onu bütün çıplaklığıyla görüyordu, kaburgalarını tek tek sayabilirdi hatta. Ashmawi'nin bedeninin bu kadar zayıf, kürek kemiklerinin bu kadar küçük ve sivri olduğunu fark etmemişti. Takım elbisesinin içinde iri ve geniş omuzlu görünürdü. Ashmawi onu babasından istediğinde evlenmeyi hemen kabul etmişti. Ashmawi'nin babası, Hadiye'nin babasınının topraklarında çalışan bir çiftçiydi, ama oğlunu okutmuştu. Ashmawi takım elbiseli bir devlet memuru olmuştu. Hadiye, köydeki bütün taliplerini, hatta *Omda**'nın on *feddan*** toprağı olan oğlunu bile reddetmişti, çünkü adam memur değildi ve *galabia* giyiyordu. *Galabia* pahalı pamuktan yapılmış bile olsa insanın omuzlarından sarkar, bir kadın giysisi gibi ayaklarına dolanır. Erkek adamın omuzları sarkık değil, ceket giyen bir adamınki gibi düz ve geniş olmalıdır. Ayrıca bacakları birbirinden ayrı olmalıdır ki, onları güvenle ve özgürce hareket ettirebilsin. Bu da ancak pantolon giyerek olur. Hadiye'ye göre kadınla erkeğin farkı buydu.

Hadiye, Ashmawi'yi ilk kez çıplak görüyordu. Yatmadan önce ve sabah uyandığında pijaması içinde gördüğü olmuştu, ama çırılçıplakken hiç görmemişti. Onu çıplak görebileceği zamanlarda, gözlerini açmaya kalkışmamıştı. İyi bir aileden gelen, erdemli bir kadındı; çıplak bir erkeğe bakması yakışık almazdı. Onu gözlerini açmaktan alıkoyan tek şey erdem değil, aynı zamanda erkek bedeni gibi tehlikeli bir şeyi gözetlemenin doğurduğu korkuydu. Ashmawi'den korkar ve çekinirdi. Yanına yaklaşıp, kollarıyla onu her sarmalayışında ürperirdi. Kendinden daha mutlu bir kadın ve Ashmawi'den daha sevgi dolu bir koca olabileceğini hayal bile edemiyordu. Evet, Ashmawi'nin kendisini sevdiğinden emindi.. Hadiye'yi mutlu etmek için elinden gelen her şeyi yapardı... her şeyi.

"Her şeyi" sözcükleri boğazında düğümlendi. İçinde, derinlerde gizli bir kaynaktan eski duygular ortaya çıkmaya

---

*) Köyün başı, amiri; ağa. (ç.n.)
**) Arap ülkelerinde kullanılan alan ölçüsü. 1 feddan yaklaşık 6 dönüm araziye denk gelmektedir. (ç.n.)

başladı. Sanki bir iğne, aklından bile geçmeyecek tuhaf bir fikri beynine yerleştirmek için kafatasını deliyordu. Ashmawi onu memnun etmek için elinden gelen her şeyi yapmıştı. Hadiye'yi memnun etmekte çok zorlanmıştı. Onu mutlu etmek için kendini ve arzularını bile bir kenara itmişti. Ashmawi onu arzulamıyordu, onu sevmiyordu. Hadiye'yi sevgi ve hediye yağmuruna tuttuğu coşku dolu anlarda, hatta sevişmelerinin doruğundayken bile, derinlerde bir yerlerde onları ayıran gizli bir his vardı; soğuk bir cam parçası ya da bir türlü iyileşmeyen iltihap dolu bir çıban gibi. Ama bunu hiç görmemiş, görmezlikten gelmeyi her zaman başarmıştı. Kendine kızmış; duyduğu aşırı arzu ve açgözlülük yüzünden bedenini suçladığı bile olmuştu. Ama derinlerde gizlenen bu acının zaman zaman ortaya çıkıp içini kaplamasına engel olamıyordu.

Sanki hafızasından bir sis perdesi kalkmış, daha önce hatırlamadıklarını hatırlamaya, farkına varamadığı detayları fark etmeye başlamıştı. Ashmawi kaç kere beklenmedik iş yolculuklarına çıkmıştı. Toplantılara katılma bahanesiyle her gece dışarı çıkıyordu. Kocası yanında horlayarak uyurken, Hadiye kaç geceyi uyanık, yatağında dönüp durarak geçirmişti. Kocası ona yaklaşıp memnun etmeye çalıştığı zamanlarda, ne kadar rahatlamaya çalışırsa çalışsın, işe yaramıyordu. Belki de Ashmawi onu hiçbir zaman tatmin edememişti. Hadiye hem kendini, hem de onu kandırmıştı. Ama bedeni genelde beynine ihanet ederek Ashmawi'yi bırakmaz, sona ulaşmak için delicesine bir istek duyardı. Ama ne oraya ulaşabilir, ne de istemekten vazgeçerdi. Bedeni gerilir ve kaskatı kesilir, yorgunluk dışında hiçbir şey onu çözemezdi; o zaman, boğazlanmış bir tavuk gibi titrer, en sonunda da tamamen durulup, hareketsizleşirdi.

Ashmawi hâlâ kımıldamadan duruyordu. Hadiye bunu görünce durumu anladı. Neden çabalasın ki? Genelde çabalayan; çabalamayı deneyen kocası olurdu. Ama Hadiye artık biliyordu. Ona kendi ayaklarıyla gelmişti, şimdi de sonuçlarına katlanmak zorundaydı. Ne olursa olsun, kendisi bir kadın, Ashmawi'yse hâlâ onun erkeğiydi. O an bir erkek gibi görünmese bile... Hem de sıradan bir erkek değil, saygın bir memur, Başsavcı'nın sekreteriydi. Ne zaman çalıştığı yere gitse, önemli ya da önemsiz, bütün çalışanların kocasına boyun eğdiğini; genel müdürlerin Başsavcı'yı görmek için ondan izin aldıklarını, Ashmawi'nin de onları telefonla aradığını kendi gözleriyle görmüştü. Ashmawi öğretmenlik okulundan mezun olduğu zaman iki görev arasında bir seçim yapması gerekmişti: ya öğretmen olacaktı, ya da bir müdürün özel sekreteri. Öğretmenliği geri çevirmişti. Öğretmenlik neye yarardı ki? Öğretmenler, öğretmen olarak ölürler, çok çok okul müdürü olabilirlerdi. Ama insanın bir müdürün özel sekreteri olması; bir bitin kafa derisine tutunduğu gibi önemli bir insana tutunması, yolunun açık olduğunu gösterirdi. Kendisinden önceki bütün çalışanların sağlam bağlantıları vardı. Özel sekreter olmaktan daha sağlam bir bağlantı olabilir miydi?

Ashmawi, özel sekreter olmak için yaratılmış insanlardandı; özel bir kişiliği, özel düşünceleri, özel görüşleri, özel hayatı, hatta özel bir bedeni bile olmayan; cam kadar şeffaf, pelte gibi bir yığındı. Bir ayna gibi, başkalarını yansıtıp, aslını gizlerdi.

Ashmawi, bir özel sekreterin neler yapması gerektiğini bilmiyordu. Ama bir koruma gibi, müdürü, belki sonraları Başsavcısı için bedenini bir kalkana çevirip insanların önüne dikilmesi, her toplantıda etrafında dolaşması, büroyu yeterince önemli olmayan insanların geçmesine izin vermeyen bir süzgece çevirmesi gerektiğini düşünüyordu. Bir özel sekreter, insanları aksanlarından, yürüyüşlerinden, sigaralarını ağızlarına götürüşlerinden ve ağızlarının kenarından geri alışlarından, konuşmalarından, özellikle de Başsavcı'ya hitap tarzlarından tanırdı; "Macit Bek" derken "Bek" sözcüğünün vurgusundan, alt seviyede mi, aynı seviyede mi yoksa bir başka "Bek" mi olduklarını ayırt edebilmek için eğitilmişti. Bazen "Macit Bek" değil de "Profesör Bek" derlerdi; bazılarının "Macit" demesi de yeterliydi. Ashmawi bütün bu detaylara dikkat etmeye alışmış, işinde iyice ustalaşmıştı. Biraz deneyim kazandıktan sonra, işinin küçük, ama önemli, bir dizi ritüelden başka bir şey gerektirmediğini anlamıştı. Başsavcı'nın kapısının önünde her zaman iki odacı bulunmalıydı. Bu odacılar, Başsavcı içeri girmeden, ya da dışarı çıkmadan önce aynı anda öne atılıp, kollarını kaldırarak işaret parmaklarını alınlarına götürmelilerdi. Başsavcı gidişini bildirmeden önce limuzini yolu çoktan yarılamış olmalı, Başsavcının kel kafası ilk basamakta göründüğü anda, şoförü sol eliyle kapıyı açmaya, sağ eliyle selam vermeye hazır beklemeliydi.

Ashmawi, Başsavcı odasına geçtiğinde yapılması gereken işleri de en ince ayrıntısına kadar bilirdi. Sözcüklere gerek kalmadan, Başsavcı'nın her hareketini yorumlayabiliyordu. Başının bir hareketiyle, ne demek istediğini hemen anlardı. Savcı başını hiçbir zaman öylesine sallamazdı. Başını sallayışı bazen memnun olduğunu, bazen memnun olmadığını; bazen Ashmawi'nin olduğu yerde kalıp, ziyaretçinin yanında dikilmesi, bazen de dışarı çıkması gerektiğini belirtirdi.

Ashmawi işinin uzmanıydı. Kurallar her yerde aynı olduğundan, Müdür'ün bürosundan Genel Müdür'ün bürosuna, oradan da Başsavcınınkine geçerken yeni şeyler öğrenmesi gerekmemişti; özel sekreterin alanı, çalışanların adetleri, ast-üst ilişkileri, çalışanların kişilikleri aynıydı. Patronuna karşı nazikti ama astlarının karşısında aslan kesilirdi. Her çalışanın konumuna göre, "Bek" sözcüğünü vurgulayışı, dosyaları tutuşu farklı olurdu. Ashmavi, bir çalışanın konumunu duruşundan, sesinden ve hareketlerinden anlamayı öğrenmişti.

Ashmawi, uzmanlıktan daha önemli şeyler olduğunu da anlamıştı: özel ya da genel, bütün emirlere uymalıydı. Müdürlerden biri ondan her sabah çocuğunu okula bırakmasını isterdi. Başkası alışverişe giden 'hanımı'nı ona emanet ederdi. Bir başka müdür, haftalık et alışverişini yapması için onu çarşıya gönderirdi. Hatta biri, boş zamanlarında karşılıklı oynayabilmeleri için satranç öğrenmesinde ısrar etmişti. Başsavcıya gelince, onun da tuhaf bir merakı vardı.

Başsavcı, başka erkeklerden daha güçlü olduğuna inanıyordu. Belki de emin olmadığından, sürekli bunu kanıtlamaya çalışırdı. Nasıl yapacağını bilmese bile, karşısına çıkan her erkeğe hâkim olmak için delice bir istek duyardı. Başsavcı her ast-üst ilişkisinde bulunabilecek bir hakimiyet kurmaya çalışmıyor, karşısındakini zihinsel ve fiziksel anlamda yok etmek için vahşi bir arzu duyuyordu.

Karşısındakinin ona boyun eğmesini sağlamak için farklı yöntemleri vardı; bunu bazen nazikçe, bazen zorla, bazen belli etmeden, bazen geri çekilerek yapardı. Bazen insana o kadar çok şey verirdi ki, karşısındaki tatlı hayatın zevkine varır, evden ofise araba koltuklarında gitmeye alışır, kendisi kibar insanlarla ilişki kurup iktidar denemelerine girişirken, karısı yeni evlerine ve yeni bütçelerine uyum sağlardı. Sonra, birdenbire adamı bulduğu yere geri gönderirdi... Maaşını düşürür; takım elbise giymeyen, toplantılara katılmayan, sardalye konservesi gibi sıkışık otobüslere binen, yoklama kâğıdını imzalayan, tam saatinde işten çıkan, kapısında odacı beklemeyen telefonsuz bir odayı dört kişiyle paylaşan birine dönüştürürdü.

Asmawi bütün bunları görmüş, küçük fedakârlıklar yaparak kâr sağlamayı öğrenmişti. Görünmez, belirsiz ödünler veriyordu; erkekliğinden, kendine saygısından. Haliyle, bunu herkesin yapamayacağını anlamıştı. İktidar sahibi olmayan fakir bir adamın bunlardan ödün vermesi işine yaramazdı. Kendisi, ödün verdiği şeyleri kaybettiğini bile hissetmemişti. Yüreğinin derinliklerinde kaybettiği bir şey olduğunu anlasa da, bu kayıplar öylesine küçük geliyordu ki, içinde belli belirsiz bir histen fazla yer tutmuyorlardı. Kazandıkları günden güne arttığı halde, bir gün gelip, verdiklerinin sandığından da fazla tutabileceğini hiç düşünmüyordu.

Ashmawi, neler olabileceğini hayal bile etmemişti. Önceleri, sır olarak kaldığı ve kimse öğrenmediği sürece büyük bir ödün verdiğini düşünmüyordu.

Gözleri Hadiye'nin gözleriyle karşılaşmasaydı, bu olay da öbürleri gibi geçip gidebilirdi. Ama gözleri Hadiye'nin gözleriyle karşılaştığı anda, sanki bir perde aralanmış, kendine gelmiş ve olayın kaçınılmaz sonuçlarını hissetmeye başlamıştı. Yalnızca büyük bir ödün verdiğini değil, verdiği şeyin benliğinin en büyük parçası olduğunu ve tüm varlığının ezildiğini hissetti. Onu ezen tek bir ağırlık, yalnızca Başsavcı'nın ağırlığı değil; birlikte çalıştığı bütün müdür ve yöneticilerin, onların şişman bedenlerinin, iktidarlarının, geniş büroların, İran halılarının, renkli telefonların, siyah arabaların, kırmızı ışıkların, yeşil çuha kaplı kapıların, beyaz mermer merdivenlere serili kırmızı halıların, kalın altın çerçeveli resimlerin asılı olduğu yüksek duvarların, aynaların, mumların, ısıtıcıların, dumanlı koridorların, kül tablalarının, avizelerin, dosyaların, çizelgelerin, rütbelerin, birimlerin, gizli raporların, takım elbiselerin ve ödüllerin ağırlığıydı. Hepsi birleşip üzerine binmiş, cılız varlığını ezip par-

66

çalamış, metal bir levha ya da sigara kâğıdı gibi dümdüz etmişti.

Hadiye, yerinden hâlâ kımıldamamış olan Ashmawi'ye bakıyordu. Kocası, deri kaplı geniş bir sandalyenin önünde duran ve üzerinde "Bazılarınızı diğerlerinden daha üstün yarattık" cümlesinin kazılı olduğu ahşap bir plakanın durduğu dev masanın yanına ince bedeniyle uzanmış, yüzünü İran halısına gömmüş duruyordu.

Hadiye, o ana kadar kendi varlığının, ya da olayın gerçekliğinin tam anlamıyla farkında değildi, ama garip bir ses kulağına çalındı. Bastırılmış çığlık, gitgide yükselerek bir kadının feryadına benzemeye başladı. Ashmawi ağlıyordu. Hadiye ne olduğunu anlamadı. Az önce gördüğü manzarayı unutuverdi; sanki uyumuş, bir kabus görmüş ve uyanmıştı. Kendini kocasının, erkeğinin yanına diz çökmüş, yüzünü okşayıp avcuyla gözyaşlarını silerken buldu. Ne olursa olsun, Ashmawi onun erkeğiydi ve erkeğinin gözyaşları yüreğine bir bıçak gibi saplanıyordu. Ne olursa olsun, o Ashmawi'ydi; hayatındaki tek insandı. Aynı çatı altında on yıl; acısıyla tatlısıyla on yıl... Ayağa kalk, Ashmawi. Etrafa saçılmış giysileri kendi elleriyle toplamaya başladı. Kendi elleriyle ona takım elbisesini; köydeki tüm erkeklerin arasından onu seçmesini sağlayan o takım elbiseyi giydirdi.

ADAM VE DÜĞMELERİ
✳

On yıl kadar önce, Benha'da bir klinik işlettiğim sıralarda yazılarımı yayınlamaya başlamıştım. "Kocam, Seni sevmiyorum" adlı öyküm bir dergide yayınlanmıştı. Birkaç gün sonra yeni evli bir kadın kolunun altında öykümle birlikte geldi; memnuniyetsizliği gergin dudaklarından okunuyordu. Bana kendi yazdığı bir öyküyü bıraktı. Geçenlerde gözüme çarpana kadar, öykü eski bir mektup gibi katlanmış halde masamın çekmecesinde kalmıştı.

Sevgili kocam Emin Fadel Afifi,*

Bir kadının kocasına üç ismiyle birden seslenmesi bazılarını şaşırtabilir. Bugün, bu çağda, birbirini üç ismiyle birden çağıran kimsenin kaldığını sanmıyorum; güvenlik gö-

68

revlileri, polisler, mahkeme üyeleri ve nüfus memurluklarında ölüm raporlarını yazan doktorlar dışında elbette.

Evliliğimizin beşinci yılında, bir polis memuru kapıyı çalıp gözetleme deliğinin arkasından "Emin Fadel Afifi" diye bağırmadan önce, senin üç ismini bilmediğimi saklamayacağım. O gün, bana polisin, kız kardeşin Fahima'ya miras kalan on *feddan* toprağa el koyduğun için geldiğini söylemiştin.

O güne kadar Emin Bek Afifi adında bir adamın uysal karısıydım. Hiçbir zaman yüzüne doğrudan bakmadığım için seni tanımıyordum. Ama parlayan kel kafan ve alnının ortasındaki siyah benin seni diğer erkeklerden ayırt etmemi sağlıyordu. Komşumuz, siyah benin dindarlığın ve iyiliğin işareti olduğunu söylemişti. İnsanın alnındaki siyah bir deri parçasının dindarlık ve iyilikle ne ilgisi olduğunu sormuştum. O da, secdeye varırken alnı yere sürtündüğünden zamanla üzerinde ben çıktığını söylemişti. Aslına bakarsan, sana her baktığımda ben gözüme çarpıyor, dahası o şeyi yaptığımız zamanlarda, alnıma değiyordu. Odamızın seni görmeme izin vermeyen kör karanlığına rağmen, ya kapkara, ya da çok belirgin olduğundan, o ben her zaman gözüme çarpardı. Ne ben senin yüzüne dokunduğum, ne de sen dudaklarını yanlışlıkla bile olsa herhangi bir yerime değdirdiğin için yüzlerimiz hiçbir zaman yaklaşmazdı; yalnızca o ben yüzlerimiz arasında bir köprü oluşturur, lastik bir top gibi alnıma çarpardı.

Polis memuru sana "Emin Fadel Afifi" dediğinde yüzünün rengi değişmişti. O gün ilk kez duyduğum üç ismin kulağıma küfür gibi gelmesine çok şaşırmıştım. Sonra, adam gidince, bana polislerin köylü hödükler olduklarını, insanlara nasıl hitap etmeleri gerektiğini bilmediklerini söylemiştin. Sana 'hödük' kelimesinin anlamını sormadım; bu kelimeyi senden daha önce de duymuş, ama ne demek olduğunu o zaman da anlamamıştım. Bu kelimeyi ilk duyduğum zaman yüzünün rengi farklıydı. Kızdığını ya da korktuğunu yüzünün renginden anlardım. Biraz denemeyle, kızgınlıkla korkunun renklerini birbirinden ayırmayı öğrendim. Bir otobüs üzerimize doğru direksiyon kırdığında yüzün sarımsı bir beyaza dönmüştü. Bu korkunun rengiydi. Öfkelenip, uşağı eski ayakkabılarınla dövdüğün zaman beyaz yine biraz sarımsıydı ama bu kez sarının tonu farklıydı. Yüzünün gerçek rengini bilmiyorum.

Hödük kelimesini ağzından tükürükler saçarak, pürüzlü bir sesle söylerdin, öyle ki kelime katılaşıp somutlaşır, kulağıma çarpardı; tıpkı alnıma değen ben gibi. Arkadaşınla oturma odasında yaptığın bir konuşmadan bu 'hödük'ün büroya iki gün önce gelen ve sana "Emin Bek Afifi" değil, "Emin Afifi" diyen genç bir adam olduğunu anlamıştım. O sırada arkadaşın kulağını bir kibrit çöpüyle temizlemeye dalmıştı, ama çöpü kulağından çıkartıp ucunu inceledikten sonra, bazı üniversiteli gençlerin üstlerine nasıl hitap etmeleri gerektiğini bilmediklerini, eğitimin çok başarısız olduğunu, üniversitelerin doğru dürüst adam yetiştiremediğini söylemişti.

Siz her gece oturma odasında konuşurken, ben koridorda oturur sizi dinlerdim. Uşağın küçük bardaklarda bir kez, iki kez, üç kez, on kez içeri taşıdığı çayı demlerdim. Sürekli yeni gelen genç hakkında konuşurdunuz. Onun için farklı tanımlar kullanırdınız: hödük, boş kafalı, geri zekâlı... Genç adam iş arkadaşlarından birine 'efendimiz'e inanmadığını söylemiş, arkadaşı da bunu kelimesi kelimesine sana iletmişti; onun için 'deli' demiştiniz.

'Efendimiz'in kim olduğunu tam olarak bilmiyordum, bunu sizin patronun ismi sanıyordum, ama arkadaşınla aranda geçen konuşmadan, 'Efendimiz'in her şeye kadir olan Tanrı'nın isimlerinden biri olduğunu anladım.

Arkadaşın gittikten sonra ışıkları söndürür ve koridorda, karanlıkta oturduğumu görürdün. Yatağa yatınca timsah gibi yayılıp, bana yer bırakmazdın. Ben de kanepeye uzanırdım; her ay, ya da iki üç ayda bir, durup dururken, benim kanepede olduğumu hatırlayıp, tükürük saçarak, öfkeli bir sesle beni çağırdığında o şeyin olacağını, siyah benin alnıma çarpacağını, yüreğimde ne acı, ne sevinç, ne de başka his kalacağını, bedenimin pelte gibi olacağını, derimin buz keseceğini ve öylece, ölü gibi hareketsiz kalacağımı hemen anlardım. Eskiden, koridordan yatak odasına giderken bacaklarımın ağırlaşmasına şaşırırdım. Eklemleri tutulmuş bir hasta ya da yaşlı bir kadın gibi bütün bedenim ağırlaşırdı. Ama komşuya gidereken bacaklarım hafifti; altı kat merdiveni bacaklarımı ya da bedenimi hissetmeden, nefesim kesilmeden tırmandım.

Komşumuz evde yalnız değildi. Karanlık bir köşede tanımadığım biri oturuyordu. Önce kadın olduğunu sandım. Ama başını bana doğru çevirdiğinde, hayatımda ilk kez bir kadınla erkeğin arasındaki farkı keşfettim. Bir anda içimde bir patlama oldu; kalbimden yukarı, ağzıma doğru, kan gibi sıcak birşeyler tırmandı. Yüreğimde bir acı duydum. Aslında bu tam anlamıyla acı değil, etimi delen bir iğne gibi keskin, tenimi ateş nöbetine tutulmuşçasına ürperten, korkunç bir mutluluktu.

Komşumuz, benim Emin Bek Afifi'nin karısı olduğumu fısıldadı. Adam yalnızca güldü ve "Yazman Emin Afifi," dedi. Bir başka ismin olduğunu o zaman öğrendim. O da kulağıma bir küfür gibi gelse de, bu kez çok şaşırmadım. Ama o kadar utandım ki alnımda ter damlaları birikmeye başladı. Damlaları tek tek hissedebiliyordum; yanyana duruyorlardı, sanki alnımda seninki gibi bir sürü ben çıkıvermişti.

Seni savunmaya çalıştım. Bir çatının altında onbeş yıl, günde üç öğün yemek... Ben yemeye başlamadan önce tabağımdaki ekmek dilimlerini gizlice saydığını biliyordum. Yine de seni savundum, senin "Yazman Emin Afifi" olmadığını söyledim. Daha da kötüsü, senin hakkında daha önce duymadığım hikâyeler anlattı. Hatta kız kardeşin Fahima, polisler ve çaldığın on *feddan* topraktan da söz etti. Bir keresinde patronunla görüşmeye giderken ceketinin sadece üç düğmesini il[i]klediğini anlatırken kahkahalarla güldü. Anlaşılan zilin çaldığını duyduğunda dördüncü düğmeyi acele iliklemişsin; düğme iliğe girmemiş, ya da yarısı girmiş. Her neyse, patronun önüne çıktığın zaman dördüncü düğmen ilikten çıkmış.

Bunu duyduğumda, arkadaşına bu olaydan söz ettiğini, hatırladım. O gece "düğmeler" kelimesinin çok kez tekrar edildiğini duymuştum ama uykum vardı, konuşmalara dikkat edememiştim. Bana ufak bir olay gibi gelmişti, patronuna bir özür mektubu yazmanı gerektirecek kadar önemli olduğunu bilmiyordum.

Komşumuz eve dönme zamanımın geldiğini hatırlattı. Öyle utandım ki ayakta, öylece kalakaldım. Tam o anda, adamın yüzüne ve göğsüne hafif bir ışık vurdu, eliyle beni çağırır gibi bir hareket yaptı.

Birbirimize dokunduk. Bedenimin yumuşaklığını ilk kez hissettim. Ellerim cildime değdiğinde, parmaklarımda bir elektriklenme duydum, kollarıma ve bacaklarıma âşık oldum, kendi kendimi kucaklayacaktım neredeyse. Bedenim gitgide hafifledi. Ayaklarım yerden kesilmişti; âdeta havada yürüyordum.

"Adın ne?"

"Adımın ne önemi var?"

"Ne iş yaparsın?"

"Düşünürüm, karanlık bir köşede otururum, hiç kalkmam."

"Patronun ya da altında çalışan insanlar yok mu?"

"İliklemem gereken düğmelerim yoktur, giysilerimin hiç birinde düğme yok."

"Seninle kalacağım. Sen tanıdığım tek erkeksin."

"Ama sen benim tanıdığım ilk kadın değilsin."

"Olabilir. Umrumda değil."

"Ama benim umrumda."

"Neden?"

"Yeterince zamanım yok."

"O zaman neden karşıma çıktın?"

"Seni ölümden kurtarmak için."

"Beni ölüme geri göndereceksin."

"Eskisi gibi geri dönmeyeceksin. Yeniden doğacaksın, oraya yeni bir kadın dönecek."

"Eskiden olduğu gibi hayatımı kabullenmeyeceğim."

"Haklısın."

"Delirmemi mi istiyorsun?"

"Evet, kurtuluşun yolu bu."

Kahkahalar atarak ona veda ettim ve altı katı inmek için merdivenlere yöneldim. İçeri girdiğini gördüğümde, nasıl olduğunu anlamadan ellerim sana uzandı, tokatlar, yumruklar yağdırdı ve bütün düğmelerini kopardı.

Karın, Firdevs

73

ONLAR

※

Kısık, çukura kaçmış gözleri ince, gizli bir zarla kaplı oldüklarından, ne hissettiğini, ne düşündüğünü göstermiyorlardı. Kemikli parmakları, tombul ve yuvarlak burnu, çökük göğüs kafesi gibi bu çapakların da mı annesinden miras kaldığını bilmiyordu. Belki, beyazımsı sıvı, nemli gözlerinin pınarlarından süzülüp, gözkapaklarında birikiyordu; belki de gözleriyle burnu ya da kulakları arasındaki gizli bir delikteydi kaynağı. Tek bildiği beyaz maddenin hergün aktığı, pamuk kozalarını kemiren bir kurt gibi gözlerini kemirmek için biriktiğiydi. Sürekli gözlerini ovuşturur, çürük kozaları bitkiden ayıkladığı gibi bu yapışkan maddeyi yüzünden ayıklardı.

Hasan bağdaş kurmuştu, baston topuzu gibi kemikli dizlerini, *galabia*sının eteğiyle örtmüştü. Uzun kaftanı ve geniş, yünlü *kuffiya*sıyla bir sandalyede oturan köy reisi *Omda*'yı görmek için başını uzattı. *Omda* parmağını ileri uzatmış, gür sesiyle hevesle: "Onlar adına konuşuyorum," diyordu. Hasanın gözleri gizli zarın altından *Omda*'nın parmağına kilitlenmiş, her hareketini takip ediyordu. Parmağın havada asılı kaldığını gördü. Parmak daha sonra, kemikli dizlerini *galabia*larının eteğiyle örterek yere oturmuş, aralık dudakları ve yarı karanlık gözleriyle *Omda* ve adamlarını izleyen kalabalığa çevrildi. Bazıları gülüyor, bazıları kaşlarını çatmış bakıyordu; bazıları da yorgunluğa yenik düşmüş, farkında olmadan dudaklarını sarkıtmışlardı.

Serin bir rüzgâr esti; Hasan, *Omda*'nın nemli ve pembe dudaklarına bakarken kendi dudaklarını koyulaşmış tükürüğüyle yalamaya başladı. *Omda*'nın bir kez daha: "Onlar adına konuşuyorum," dediğini duydu. "Onlar" sözcüğü Hasan'ın kulağına ulaştı, yere çarpan lastik bir top gibi yankılandı. Boynunu sağa uzatıp başını arkadaşının başına yaklaştırdı, nefesinden biraz sıcaklık çalarak kulağına fısıldadı: "'Onlar' ne demek?" Arkadaşının şaşkınlıkla açılan ağzından soğan kokusu yükseldi: "Ne demek olduğunu bilmiyor musun? Anlamı çok açık." Hasan'ın başından solgun yüzüne birkaç damla utanç dolu ter düştü; tıpkı durgun suyu hareketlendiren birkaç çiğ tanesi gibi. Adama şaşkın ve mahçup bir bakış attı: "Ama, anlamı ne?" Adam kibirle boynunu uzattı: "Anlamı..." Bir an sessiz kaldı, dudaklarını büzdüğünde soğan kokusu kesildi. Sonra Hasan'a baktı: "Orada duranlar işte, anladın mı?" Hasan başını yakasına gömüp sessizce tekrar içine kapandı.

Ama *Omda*'nın yüksek sesle tekrar "Onlar adına konuşuyorum," dediğini duydu, dudakları daha pembe ve daha canlıydı. "Onlar" sözcüğü Hasan'ın kulağına tekrar ulaştı, sonra yere çarpan lastik bir top gibi yankılandı. Boynunu sola uzatıp başını öbür yanındaki arkadaşının başına yaklaştırdı, nefesinden biraz sıcaklık çalarak kulağına fısıldadı: "'Onlar' ne demek?" Adam ona yorgun gözlerle baktı, alt dudağı göğsüne doğru sarkmıştı: "Bilmem," dedi. Hasan önünde oturan adama iyice yaklaşana kadar öne doğru eğildi ve nefesinden biraz sıcaklık çalarak fısıldadı: "'Onlar' ne demek?" Adamın dudakları sevimsiz bir ifadeyle aralandı: "Yün kaftanlar ve *kuffiya*lar giyen adamlar demek! Bak, onları işaret ediyor!

Hasan, *Omda*'nın küçük parmağını görebilmek için başını kaldırdı ve gözlerini kıstı; aralarında kendisinin de olduğu, yerde oturan grubu gösteren parmağı izledi. Hasan dudaklarını bir kez daha önünde oturan arkadaşının kulağına yaklaştırdı, nefesinden tekrar biraz sıcaklık çalarak fısıldadı: "Küçük parmağı bizi işaret ediyor." Adam bir kez daha dudaklarını büzdü, kaşlarını çattı ve öfkeyle: "Bakmıyorsun ki! İşaret parmağı kaftanlı adamları gösteriyor," dedi.

Hasan *Omda*'nın parmaklarını görebilmek, hepsine dikkat edip, hem küçük hem de büyük olanların hareketlerini izleyebilmek için boynunu uzattı... *Omda*'nın bütün parmaklarının farklı yönlere gittiğini gördü: bazıları yukarı, bazıları aşağı, bazıları sola, bazıları sağa, bazıları ortaya, bazıları ortanın biraz altına, bazıları ortanın üstüne, bazıları ortanın biraz sağına, bazıları biraz soluna. Hasan'ın gözleri de onlarla birlikte oradan oraya, bir yukarı bir aşağı gitti, derken gözkapaklarından beyazımsı bir çiğ aktı, gözlerini kemirmek için kenarlarda birikti...

Hasan gözlerini kıstı, onları suratından söküp içlerinde yanan alevi dindirme isteğiyle ovuşturmaya başladı. *Omda*'nın gümbürdeyen sesi bir kez daha kulaklarına çarptı... "Onlar" kelimesi bir kez daha, ağır bir top gibi kafatasına vurdu. Aval aval çevresine bakındı... sağa, sola, öne baktı.

Ilık bir esintinin ensesine çarptığını hissederek arkasına döndü ve ağzı açık, nefes nefese bir adamın, *Omda*'nın sözcüklerini dinlediğini gördü. Başı adamın başına değene kadar geriye yattı; adamın sıcak ve derin nefesinden güç alarak ağzını kulağına dayadı: "'Onlar' ne demek?", diye sordu. Adam ona bakmadan aceleyle cevapladı: "Dinle ve ses çıkarma! Seni ilgilendirmeyen işlere burnunu sokma!"

Hasan ağzını adamın kulağından çekti, kollarını bedenine sarıp sessizce *galabia*'sının içine sindi.

O istemese de, görmekte ve bulmakta kararlı olan gözleri *Omda*'nın parmaklarına kaydı. *Omda*'nın parmakları rastgele her yöne sallanıyordu. Hasan çevresine bakındı, sağında, solunda, önünde ve arkasında onu çevreleyerek diğerlerinden ayıran dört adamı gördü. Boynunu ne kadar uzatırsa uzatsın önündeki ya da arkasındaki, sağındaki ya da solundaki adamın ağzından fazlasını göremedi; bu dördü çevresini sarmış ve ötesine ulaşamadığı dört duvar oluşturmuşlardı.

Olduğu yerde kıpırdandı. Bedeninde bir acı duydu. Derisini delip çamur kaplı gözeneklerini açan iğne gibi bir şey. Eskiden rahatça oturur, kıpırdanıp durmazdı. Yere yayılıp oturmaktan hoşlanırdı, pamuk kozalarından kurtları ayıklamak için gerinerek kalkarken dizlerinde ani bir batma hissederdi, ama o zamana kadar da sessizce otururdu. Oysa şimdi iğne bedenine battığı için rahat değildi, yere rahatça yayılamıyordu. Göğsünde mi, kalçasında mı, yoksa kafatasında mı tam bilemiyordu; tek bildiği giysilerinin altında bir yerde, derisinin altında gizlendiğiydi. Batıyor, acıtıyor, rahatını bozuyordu.

Hasan *galabia*'sının altından bacaklarını uzattı ve pire gibi orasına burasına batan iğneden kurtulmak için kollarını ve bacaklarını sallamaya başladı. Kol ve bacaklarının dört duvardan birine çarpmadan olabildiğince uzandığını farketti. Şaşkınlıkla etrafına bakındığında *Omda*'nın önünde kaftanlılar, arkasında *galabia*'lılarla birlikte uzaklaşmakta olduğunu gördü. Ayağa kalktı ve peşlerinden koştu. Tahta bir sopanın yardımıyla yürüyen bir adama yetişmeyi başardı. Yanına yaklaşıp kulağına fısıldadı: "'Onlar' ne demek?" Adam sopasına dayanarak durdu ve öfkeyle: "Bana mı soruyorsun? Ben mi dedim? Konuşanlardan birine sorsana?" dedi. Kolunu öfkeyle havada salladı, sopasını yere vurdu ve bitkin bir yarış atı gibi yavaşça uzaklaştı.

Hasan yolda durup gözlerini ovuşturdu. "Tamam, neden *Omda*'ya sormuyorum? Konuşan oydu, herhalde anlamını biliyordur..."

Başından solgun yüzüne bir kaç heves damlası düştü, tıpkı durgun suyu canlandıran çiğ taneleri gibi.

Hasan *Omda*'nın evine doğru yürüdü. Geniş ahşap kapıya yaklaşırken kaftan ve *kuffiya* giymiş, omuzunda tüfek asılı bir adam ona doğru geldi. Tüfeğin kendisine doğrultulmuş ağzının aç bir köpek yavrusu ya da susuz bir engereğinki gibi sonuna kadar açık olduğunu gördü. Hasan'ın bacakları bedeninin ağırlığı altında titredi, keşke yere çömelip biraz dinlenebilseydi. Boşu boşuna dipsiz kara ağızın içine bakmamaya çalışarak kaftan ve *kuffiya*'lı adama döndü. Dili damağına yapışmış olsa da, birkaç sözcük gevelemeyi başardı ve adama *Omda* ile görüşmek istediğini söyledi. Hasan, adamın gözbebeklerinin neden büyüdüğünü anlamadı. Adamın ayaklarına yönelen bakışlarını takip ettiğinde zayıf ve kemikli ayaklarının ince, siyah bir çamur tabakasıyla kaplı olduğunu gördü. Adamın ona yaklaştığını, *galabia*'sının kenarından kavrayıp ölü bir sıçan gibi sürüklediğini fark etti. Hasan kendini geniş bir odada buldu. Önünde kaftan ve *kuffiya* giyen ve sırtında top kadar büyük bir tüfek taşıyan bir başka adam vardı. Bakışlarını, kafasına doğrulmuş olan tüfeğin ağzından başka yöne kaydırmaya çalışırken dizleri titredi. Ama adam tüfeği omuzuna dayayarak ne istediğini sordu. Hasan dilini damağından ayırdı, kurumuş dudaklarını yaladı ve "*Omda* ile görüşmek istiyorum," dedi. Sonra gözlerini kapadı, kendi kendine dua etti.

Dua ederken ne olduğunu bilmiyordu ama gözlerini açtığında kaftan ve *kuffiya*'lı bir adamın bir başka kaftan ve *kuffiya*'lı adama işaret verdiğini gördü; adamın kalın parmaklarının kolunu kavrayıp onu geniş bir kapıya doğru götürdüğünü hissederek afalladı. Ayağını eşiğe yerleştirdi, ufak bir adım attı, sonra çevresine bakmak için gözlerini kaldırdı... Kendini dışarıda, geniş caddede buldu.

KİMSE ONA ANLATMAMIŞTI

※

Yol uzun ve kalabalık, sis kalın ve yoğundu. Çevrede hiçbir şey görünmüyordu, ama durmadı. Bir şeyler arıyordu, ismini bilmediği bir şeylerin peşindeydi. Ama bilmek istiyordu, hazır olmak istiyordu, çünkü korkunç şeyler olacaktı. Kalbi delicesine çarpıyordu; ayakları sivri burunlu ayakkabılarının uçlarında sıkışmış; topukları, adım attıkça utanç verici tıkırtılar çıkartan tahta ökçelerin üzerinde yükselmişti. Ayaklarının biçimi bozulmuş, altları aşınmış, üstleri kıvrılmıştı; tıpkı annesinin, annesinin arkadaşlarının ve bütün yetişkin kadınların ayakları gibi. Bu benzerlikten hem nefret ediyor, hem de korkuyordu; çünkü yetişkin kadınlar onun duyamadığı fısıltılarda, anlam veremediği göz kırpışlarında, alçak sesle uzun uzun gülüşlerinde, annesinin dolabın en üst çekmecesinde sakladığı ıvır zıvırda; sarılı bohçalar ve kalın kumaş parçalarında ve gözlerindeki anlamlı bakışlarda tuhaf bir şeyler gizliyorlardı. Annesi endişe dolu bakışlarını gizlemeye çalışır, dilinin ucundaki sözcüklerle sanki bir şeyleri aydınlatmak ister ama yapamazdı; özellikle banyoda yıkanmasına yardım ederken. Bedeninde esrarengiz bir düşman gizliydi; banyonun sessiz, yüksek duvarı, annesinin kulak tırmalayan soluğu ve gözlerindeki, sadece uzun kahkahaların ve göz kırpışların aralayabildiği sis, âdeta bu düşmanın habercisiydi. O zamanlarda bile annesinin, annesinin arkadaşlarının ve bütün yetişkin kadınların gözlerindeki ince hüzün bulutu tamamen dağılmazdı. Pusuya yatmış, kadınları bekleyen bir şey vardı; onu korkutan bir şey. Yüksek ökçelerin çıkardığı sesten utanıyordu, ayakkabısının içinde sıkışan parmakları canını yakıyor, ayağının kıvrımından başlayan titreme bütün bedenine yayılıyordu. Annesiyle arasındaki benzerlikler arttıkça, gizemli ve korkunç şeye daha çok yaklaşıyordu. Kalbi çarpmaya devam etti; kolunun altındaki küçük çantanın içindeki bozuk paralar şıngırdadı. Ama bu ses, canı sakız çektiği zamanlarda kullanmak için içine bozuk para attığı teneke kumbaranın sesinden farklıydı. Kumbarayı her gün kaldırıp sallardı. Bozuk paraların şıngırtısı kulağına hoş gelirdi. Bir gün kumbarasını açacak, zengin olacak, o parayla bir sürü sakız alacak, dişine ya da damağına yapışan küçücük bir parça sakızı değil, ağız dolusu sakızı çiğneyecekti. Geri kalanları okul arkadaşlarına dağıtacaktı; her gün sakız çiğneyip ona hiç vermeyen bir kişi dışında...

Sakız çiğnemek hayatta en çok sevdiği şeydi. Kumbara giderek ağırlaşıyordu. Bedeni de artık hafif değildi. Üçer üçer, koşarak çıktığı merdivenleri artık koşmadan, sadece ikişer ikişer çıkabiliyordu. Ayakları yere değdiği anda bedeni titriyor, göğsünde bir yerlerde bir acı duyuyor, hareket ettikçe çıban başı gibi bir şey canını yakıyordu. Pantolonlarına sığmıyordu; yan dikişleri sökülünce onlardan mutfak bezi yapıldı. Başka pantolon da alınmadı. Bisiklete binmeyi her şeyden çok severdi, hatta sakız çiğnemekten bile çok; ama annesinin gözlerine, gizlemeye çalıştığı endişeli bakışlarına boyun eğmişti.

Bisiklete binmek tehlikeli hale geldi, yaşamındaki her şeyin biçimi değişiyor, belirsizleşiyordu. Elbiselerinin eskiden düzgün olan üst kısımları artık tuhaf bir şekilde kıvrılıyor, dışarı fırlıyordu; beyaz atletlerinin yerini annesininkiler gibi tuhaf bağcıkları olan renkli gömlekler aldı. Benzerlik onu korkutuyor, o korkunç şeye yaklaştırıyordu. Evde olan biten her şey onun için bir uyarıydı. Resimli dergiler masanın üstlerindeki yerlerinden yok oldu, gün boyu susmayan radyo artık yalnızca annesi için çalıyordu, parka gitmesi yasaklandı, hatta yalnızca hava almak için dışarı çıkması bile kısıtlandı...

Evin dışındaki yaşam gizemli tehlikelerle doluydu... Annesi sürekli onu gözetliyordu; bütün bedenini, her anını, her hareketini, odasında otururken, yatağında uyurken, banyoya girdiğinde, elini başının ya da karnının üzerine koyduğunda... Bir şey olmak üzereydi, kötü bir şey, ne olduğunu bilmediği ama bilmek istediği bir şey. Ne kadar kötü olursa olsun, bunun ne olduğunu bilmemek daha kötüydü. Nasıl hazırlanması gerektiğini bilmek istiyordu ama annesi konuşmak istemiyor, kendisi de ona soramıyordu. Tek yapabildiği yatağın altını, dolabı, banyoyu, giysilerinin altını, el ve ayak parmaklarının arasını ve bedenindeki kıvrımları gizlice araştırmaktı. Genç kalbi korkudan büzülmüş, ince dudakları kaygıdan gerilmiş, soluğu boğazında

82

tıkanıp sertleşmişti. Felaketin tek çaresi ölümdü. Ama ölüm de korkutucuydu. Mutfak bıçağı körelmişti, karnına girmiyor, sadece bükülüyordu. Karanlıkta ellerinde yılan dişi gibi sivri bıçaklarıyla uzun pençeli hayaletler dolanıyorlardı. Bağırmak istediğinde sesi çıkmıyor, kaçmak istediğinde bacakları kaskatı kesiliyordu. Uyumak da bir sorundu artık. Düşlerini tam olarak hatırlamasa da unutulacak gibi de değillerdi; geceleri gelip gün boyu onunla kalıyorlardı. Ama gündüz düşleri korkunç değildi; üzerinde ince ve şeffaf bir elbiseyle ılık bir denizde yüzüyor, sudan dışarı uzanan bir kol onu gıdıklıyor, göğsündeki çıbanın başı canını yakıyordu. Çok şiddetli olmayan bu acı bedenini ürpertiyor, gizliden gizliye zevk duyuyordu. Kaçmaya çalıştığında kol onu yakaladı, üzerine bir çift göz çevrildi. Yabancı birinin gözleri değildi bunlar, babasının gözlerine benziyorlardı. Babasının gözlerini görünce ağladı, kol, gözyaşlarının ardında kayboldu. Kolu geri istiyordu. Gözlerini sıkıca kapattı ama ne kol, ne de babasının gözleri geri geldi, bu kez gelenler matematik öğretmeninin gözlerine benziyordu.

Matematik öğretmeninin tuhaf bir öyküsü vardı. Okuldaki bütün kızlar bu öyküyü bilirdi. Bir gün öğretmen tuvalete girmişti. Dışarı çıktıktan sonra kızlar tuvalette kırmızı mürekkebe bulanmış bir kumaş parçası bulmuşlardı... Kızlardan biri, kulağına "Biz kırmızı mürekkep kullanan bir öğretmen istemiyoruz," diye fısıldamıştı. Bir başka kız, kırmızı bir elbise giydiği sırada bir hindinin saldırısına uğradığından beri kırmızı renkten korktuğunu söyleyerek giysilerini çekiştirmişti. Bir başka kız kulağına "Bu kırmızı mürekkep değil aptal, bu kan... Acayip bir hastalık bu... Bütün matematik hocaları bu hastalığa yakalanır!" diye fısıldamıştı. Dedikodular yayıldıkça yayıldı, küçük, duyarlı kulakların algıladığı sözcükler ve işaretleşmeler havalarda uçuştu durdu. Bütün öğretmenler.. Hayır, bütün kızlar... Bütün kadınlar... Masum gözler şaşkın şaşkın bakıştı, küçük bedenler korkuyla birbirlerine sokuldu. Gerçeğin ne olduğunu kimse bilmiyordu. Her biri annesinden, büyükannesinden ya da hizmetçiden duyduğu hikâyeleri anlattı.

Küçük çocuklar kadınların kulaklarından doğar... Hepsi korku ve telaşla kulaklarına dokunurlar. Hayır, kulaklarlarından değil, burunlarından... Titreyen parmaklarını burun deliklerine sokarlar. Hayır, burundan olamaz, delik çok küçük, çocuklar oradan çıkamazlar. Öncesinde korkunç bir şeyler olur, annelerin gizledikleri bir şeyler, sürekli tekrarlanan bir facia... Her yıl!... Aptallaşma, her ay!... Ne felaket!

Felaketi beklemek, felaketin kendisinden bile beterdi. Felaket şimdi geliyordu. İçinde hafif bir sızı hissetti... Hayır... Şimdi olmamalı; caddede, çevresinde gür sakallı ve uzun pantolonlu bir sürü insan varken. Rezil olur. Keşke büzülüp yok olsa, ya da yer yarılsa da içine girseydi. Ama yer yarılmadı. Çevresindeki gözler adımlarını izledi, bacaklarını, kalçalarını incelediler... Bedenindeki yasak şeyi, günahkâr, utanç verici şeyi... Gözler onu suçladı, bakışlar her yanını sardı. Adımlarını hızlandırdı; ince ökçeleri tıkırdıyor, kolunun altındaki paralar şıngırdıyor, gizemli acı bedeninin derinlerine sokuluyordu. Kötü bir şey olacaktı, hazırlıklı olmak istedi... Ama öyle çok dükkân vardı ki. Bakkalda bir sürü bohça vardı ama annesininkilere benzemiyorlardı, yoldaki tezgahta da bohçalar vardı ama onlar da aynı değildi. Ayakkabılarının ucuna sıkışan parmakları yanıyordu, karnındaki kaslar geriliyordu, kalbi durmak üzereydi, soluğu gökyüzüne kadar erişti. Felaket çok yakınındaydı ama o hazır değildi. Şeyler orada değildi; isimlerini bilmediği şeyler; isimlerini kimsenin bilmediği şeyler. Bilmek istiyordu ama

annesi ona hiçbir zaman anlatmamıştı. Kimse konuşmak istememişti, o da kimseye soramamıştı. Yüksek topukları tıkırdadı, kolunun altındaki paralar şıngırdadı, uzun cadde insan kaynıyordu, sis kalın ve yoğundu, çevresindeki her şey bulanık görünüyordu; ama o durmadı, yürüdü.

BURUN

※

Eğer ayakta duruyorsa, neden boyu kısalmıştı? Ve neden bedeninin bütün parçaları üst üste, aynı sırayla dizilmemişlerdi? En üstte kafa, onun altında boyun, sonra göğüs, karın ve bacaklar olması gerekiyordu. Ayaklarının yere basması gerekmez miydi?

Ama görünüşe göre durum böyle değildi. Gerçekten de ayakta duruyordu; buraya geldiğinden beri bunun farkındaydı. Ama ayaklarının üzerinde değil, karnı gibi düz ve yumuşak birşeyin üzerinde duruyordu sanki. Acaba uyuyor muydu? Ama takım elbisesini, ayakkabı ve kravatını giyiyordu. Kravat boynunun etrafına özenle dolanmış, çenesinin altında kusursuzca düğümlenmişti. Evet, kravat boynuna sıkıca sarılmıştı. Buraya ancak böyle girilirdi.

Uzun bir kumaş parçası ile saygının ne ilgisi olabilir ki? Ne de olsa bedende boyundan daha saygıdeğer yerler de vardır. Hem, boynunun açık olmasını isterdi, özellikle de erkekliğin kanıtı olan o şişkin kıkırdağın, adem elmasının. Ama insanın erkekliğin kanıtına, hatta erkekliğe bile gerek duymadığı zamanlar vardır. Hem, şişkin bir kıkırdak parçası ile erkekliğin ne ilgisi olduğunu da anlamıyordu.

Bir şeyler açığa çıkıyordu. Şeyler değil, tek bir şey... her şeyi yutarak büyüyen, hayatında gördüğü her şeyden, Büyük Piramit'ten bile daha büyük bir tek şey. Piramitin önünde dururken, başını kaldırdığında tepesini görebilirdi. Ama şimdi göremiyordu, başını bile kaldıramıyordu. Başı, eskisi gibi kolayca hareket ettirip kaldırabileceği bir durumda değildi. Boynu, göğsü, karnı ve kalçası ile aynı hizada, tuhaf bir şekilde yere yatay pozisyondaydı; sanki yüzükoyun yatmıştı, ya da belki karnının üstüne uzanmıştı.

Ama ayakta duruyordu; ayakta durmak ayaklarının üzerinde olmak anlamına geliyorsa tabii. Gerçekten de ayakları yere kök salmış gibiydiler. Kesin olan tek şey buydu. Düz ve yumuşak şey de kesinlikle karnı değildi. Üzerine bastı, bütün ağırlığını verdi, neredeyse içine battı. Belki de boynunun bu kadar kısalmasının, başı neredeyse yere değen bir cüce olmasının nedeni bunun içine batmasıydı.

Belki de ona bir tuzak kurulmuştu. Bu günlerde her şey tuzak olabilirdi... Her ne kadar dikkatli ve şüpheci olsa da zaman zaman kendine güvenme hatasına düşebiliyordu. Kendine güveni tam değildi; karar veremiyordu. Hiçbir şey aynı değildi; sözcükler sözcük gibi değil, kendisi kendisi gibi değildi. Eğer ayakta duruyor olsaydı, boyu uzun olurdu, başı boynunun üstünde dururdu ve yukarı bakabilirdi.

Fakat yukarıda ne olduğunu göremiyordu, çünkü bina çok büyük, bir piramitten bile daha büyük, hatta bütün piramitlerin toplamından bile daha büyüktü. Zirvesi gözün görebileceğinden daha yüksek, gövdesi beş duyunun sınırlarından bile daha genişti. Ardındaki gökyüzünü ve güneşi örten; siyah gölgesi yeryüzünü, evleri, binaları, caddeleri, arabaları, devlet kurumlarını ve tramvay hatlarını kaplayan dev bir binaydı.

Kesinlikle tuzağa düşmüştü. Kaçmalıydı. Her şeye rağmen ayakları hâlâ hareket edebiliyordu. Ayakları hareket ettirmek zaman zaman mucizevi olabiliyordu. Bir ayağını kaldırıyor, diğerini indiriyor ve böylece hareket ediyordu. Nereye kaçtığını bilmiyordu. Bilmek önemli değildi. Hareket edebiliyordu, yalnızca bu bile olağanüstüydü. Başı neredeyse yere değen bir cüce olan kendisi hareket edebiliyor, oysa gökyüzüne yükselen dev bina hareket edemiyordu.

Bu karşılaştırma aptalcaydı. Aptallık da olağanüstü bir yetenekti. Ayakların hareket etmesi gibi olmasa da, kafanın içinde olan, büyük bir olasılıkla da fiziksel bir hareketti; ama yine de bir hareketti ve şüphesiz bir yetenekti de. Yeteneklerini yokladı, küçük bedeninin içindeki gizli silahları araştırdı. Evet, gizli silahları, çünkü bugünlerde her şey gizli yapılmalıydı, hele de böyle büyük bir şeyle karşı karşıyaysanız. İçinde hapsolduğu yer binaydı; hareket edemeyen, taştan bir binaydı ama çok büyüktü. Yerle gök arasını kaplayan tuhaf bir büyüklüğü vardı; öylesine büyüktü ki gökten yere uzanıyordu sanki, hareket ediyor gibi görünse de, aslında yerküre gibi, hem hareketli, hem de sabitti.

Ayakları sarsıldı. Dikkatli ve şüpheciydi ama korkak değildi. Dikkatli olmak başka şeydir, korkaklık başka şey. Hayatında kimseden korktuğunu hatırlamıyordu. Kendine karşı beslediği hisler, başkalarına beslediklerinden daha büyüktü. Gerçek hisler ya da gerçek kuruntulardı bunlar.

Peki, ya insan neydi? Olduğuna kendini inandırdığı şey. Kendini diğerlerinden daha becerikli olduğuna inandırdığında onlardan daha becerikli oldu; bedeni de daha çok yiyecek tüketme becerisine sahip oldu... Masaya oturup bacaklarının üzerindeki tatlı, şişkin göbeğini her görüşünde kendi kendine, "Daha az yiyeceğim," der, sonra da her zamankinden çok yerdi.

Eğer daha az yeseydi belki hareket yeteneği daha çok olacaktı... Belki daha az kilolu olacaktı... Belki de talepleri daha az olacaktı. Sadece kendi talepleri değil, karısının ve çocuklarının, tanıdıklarının ve arkadaşlarınınkiler de. Bugünlerde herkes birşeyler talep ediyordu, eline bakan çok insan vardı. Diğerlerinden daha becerikli olduğu aldatmacasının bedelini ödemek zorundaydı... Her şeyin bedelini ödemek zorundaydı, ağzını kapalı tutmanın bile.

Ağzını yokladı. Dudakları yerli yerinde duruyor, açılıp kapanabiliyorlardı. Evet, çıkan ses kendisininkine benziyordu, ses tonu ve sözcükler tanıdıktı. Konuşmak bile zaman zaman mucizevi olabiliyordu. Konuşmak, olağanüstü bir yetenekti. Başı neredeyse yere değen bir cüce olan kendisi konuşabiliyor, oysa geniş ve yüksek bina konuşamıyordu.

Konuşmak da zamana göğüs germiş eski bir silahtı. Duyduğu ses, kendi sesinden daha yüksek, daha güçlüydü. Kulakları sağır olacaktı neredeyse. Tam olarak insan sesi gibi değildi, sözcükleri dile getirişi de farklıydı ama her şeyin insanların yaptığı gibi olması gerekli miydi? Yapılan her şeyin insanların yöntemleriyle yapılması gerekli miydi? Neden her şeyi kendi bedenine göre değerlendiriyordu?

Ayakları daha da sarsıldı. Bu taş bina yeryüzünün ve gökyüzünün her köşesinden duyulabilecek sesler çıkartabiliyordu... Sadece duyulabilir değil, o kadar güçlüydü ki kendi sesini bastırıyor, duyulmasını engelliyordu. Bu taş bina aynı zamanda hareket edebiliyordu. Bir ayağın diğerinin önüne atılması gibi basit bir hareket de değil üstelik, deprem gibi yeryüzünü sarsan, adamın hareketlerini yutup birilerinin onu fark etmesini engelleyen büyük, devasa hareketler. Onu kimse duymuyordu, kimse fark etmiyordu, öyleyse var olduğunun bir kanıtı var mıydı? Kanıt yoktu.

Bütün bedeninden yapışkan ve kokulu terler boşandı. Hayatında ilk kez terinin kokusunu, başkalarında duyduğu zaman hoşuna gitmeyen bu kokuyu duydu. Eğer ölmüş olsaydı koku alma yeteneğini yitirirdi. Demek ki yaşıyordu. Parmağını burnuna, varoluşunun tek kanıtına götürdü. Burnuna şimdiye dek pek dikkat etmemişti, ona göre burun, bedendeki önemli organlardan biri değildi. Bazı insanlar kırık urunla yaşıyordu, bazılarının burnu kuma gömülü olsa da bedenleri yaşamaya devam ediyor, etrafta dolanıp duruyorlardı.

Burnuna götürdüğü parmakları titredi. Burnunun ucu da her zaman olduğu gibi yukarıyı değil, aşağıyı gösteriyordu. Burnunun ince ve sivri ucu yere gömülmüştü, ayaklarıysa havada asılı duruyordu. Burnunun ucunda durmayı nasıl başarıyordu? Burnunun ince ve sivri ucu bütün bedenini nasıl taşıyordu?

Belki de ibadet ediyordu... Belki hareketleri unutmuştu... İbadet etmeyeli kırk yıl olmuştu. O zamanlar küçük bir çocuktu ve inanç diye bir şey vardı.. Ya şimdi? Göğe kadar yükselen bu taş bina, onun yeryüzüne düşen siyah gölgesi, evler, binalar, caddeler, arabalar, devlet kurumları ve tramvay hatları.

Zaman geriye doğru mu akıyordu? Yeniden ibadet etmeye mi başlamıştı?

Şüphesiz, bir tuzağa düşmüştü. Öfkeyle burnunu çekerken toz zerreleri burnuna kaçtı. Aksırmaya çalıştı, belki de gerçekten aksırmıştı, çünkü o anda bir tekme yedi. O ana kadar yanında başkaları olduğunu bilmiyordu, ama göz ucuyla baktığında burunlardan oluşmuş uzun bir sıra gördü, hepsinin sivri uçları yere gömülü, ayaklarıysa havada asılıydı.

BİR BAŞKA ŞEHİR, BİR BAŞKA YER
✳

Böyle bir sesi hayatında duymamıştı; dayanamadı, elleriyle kulaklarını tıkadı. Savaş diye bir şey olduğunu; gökten bombaların düştüğünü, evlerin yıkıldığını, insanların yandığını, her şeyin harabeye döndüğünü daha önce duymuştu. Savaşın ardında bıraktığı enkazı, patlamaları ve yangınları filmlerde görmüştü. Ama onlar rol gereğiydi, sinema gerçek hayat değildi, filmlerde olanlar gerçek hayatta olamazdı. Yoksa neden film çeksinlerdi ki? Perdede gördüğü savaş sahneleri hoşuna giderdi, aşk ve seks maceraları ve diğer efsaneler ve masallar gibi onlar da eğlendirici maceralardı. Hayatta, en azından kendi hayatında, efsane ve masallara yer yoktu. Evli ve saygın bir kadındı, aşk ya da seksi tanımadan altı tane meşru çocuk doğurmuştu. Kocası bir kez olsun onu çıplak görmemişti; yatakta ona yaklaştığı zaman şiddetle karşı koyar, en sonunda teslim olduğu zaman en azından vicdanı rahat olurdu, çünkü sonuna gücüyle savaşmış olur ve zevk değil sadece acı duyardı.

Top sesleri tekrar duyuldu. Ellerini kulaklarına ve başına bastırdı. Tanrım, bize yardım et, bu gerçekten bir savaş. Savaşın çıkacağına, evinin bombalanabileceğine, ölebileceğine, kolunu ya da bacağını yitirebileceğine hiçbir zaman inanmamıştı. Böyle korkunç şeyler ya filmlerde olurdu, ya da başkalarının hayatlarında. Peki ya kendi başına gelmesi? Onun başına bu tür şeyler gelemezdi; sakat ve özürlü insanlardan, çarşaflara sarılmış ölülerden korkardı. Kocası evden birkaç günlüğüne uzaklaşsa, gece yatısına komşusunu çağırırdı. Banyoda bir hamamböceği görse bağıra çağıra kaçardı, hele de büyük ve kanatlı olanlardan biriyse. Gece mutfaktan gelen tuhaf sesler duysa, hırsız, ya da her kimse, onun evde olduğunu anlamasın diye çarşafın altında kıvrılırdı.

Patlamanın sesi yankılandı. Yerinden sıçradı, koşarak yatağın altına gizlendi. Açgözlülüğün gözü kör olsun! Damanhour'da, kendi topraklarımızdaydık, herkes bizi tanırdı, babam iyi kazanırdı. Ama her zaman açgözlüydü. Yıllarca deve gibi sabretti, babasından kalan dükkânı devraldı. "İsmailiye'deki iş altın değerinde, kardeşimin orada, kanalda bir dükkânı var, dokuz çocuk gece gündüz çalışıyor," deyip dururdu. Peygamberimiz Muhammed, "Servetinizi kardeşlerinizle bölüşün," demişti. Üzüntüden yanaklarını dövdü. Oğul Muhammed'i askere aldılar, beş kızı da Damanhour'lu züğürtlerle evlendirdik. Bari biri benimle kalsaydı. Altı gebelik ve doğumdan sonra, bir köpek gibi tek başıma öleceğim.

Yatağın altından sesleri dinledi, hiçbir şey duymayınca sürünerek çıktı. Ayağa kalkar kalkmaz bir yerlerde -havada, ya da yerde- bir bomba patladı, evin duvarları sarsıldı. Ümmü Muhammed kendini bir dolabın içine attı. Tanrım, bizi koru, yanımızda ol. Kafirler Müslümanların hakkından gelemez. Tanrım bizi affet... Tanrı'nın gazabı bu... Ne de olsa artık İslam yok, güven kalmadı. Kardeşiyle dokuz oğlu dükkândan kazandıklarımızı çaldılar. Hesaplarla oynayıp babamı dolandırdılar. Onun diz çöküp dua ettiğini hiç görmedim. Ama kulların Müslümanlar için senden af diliyorum Tanrım. Günahkâr halleriyle bile kafirlerden daha iyi onlar.

Dolabın dışına kulak kabarttı. Her şey sakin görünüyordu. Korka korka dışarı çıktı. Ayağa kalktığı anda kafasını ve kulaklarını kavrayarak yüzüstü yere kapaklandı. Ayağının altındaki yer, sanki deprem olmuş gibi sarsıldı; bir patlama, kulaklarını içine işleyen bir düdük sesiyle doldurdu. Bir süre ne kulakları duydu, ne gözleri gördü.

Biraz sonra kendine geldi, başını, omuzlarını, kollarını ve bacaklarını yokladı. Hepsi yerli yerindeydi. Korkarak yukarı baktı. Çatı hâlâ yerinde, başının üstünde duruyordu. Odaya bakındı. Duvarlar yıkılmamıştı; dolap, yatak, tuvalet masası, hepsi yerli yerinde duruyordu. Belki de yıkılan oturma odasıydı. Bu tam bir felaket olurdu. Rahmetli babasının yüz altmış sterline aldığı altın yaldızlı oda takımı oradaydı. Bayan Tafida ve diğer komşular iki hafta önce eşyalarını taşımışlardı. Ona söylemiştim, "Haydi Ebu Muhammed, bir kamyon tutalım da şu eşyaları taşıyalım," demiştim. O da "Hadi oradan, savaş çıkacağına inanmıyorsun, değil mi? Bunlar gazetelerin uydurması. Hayatım boyunca hep savaş lafını duydum ama hiçbir şey olmadı," demişti.

"Öyleyse herkes neden eşyasını taşıyor Ebu Muhammed?"

"Maymunlar birbirlerini taklit eder. Boş kafalının biri, bir işe kalkışınca hepsi peşinden gidiyor."

Korkarak ayağa kalktı, oturma odasının girişine bakmak için başını kapıdan dışarı uzattı. Altın rengi takım şimdi paramparça olmuştur. Ne yazık! O koltuklara rahmetli babası otururdu.

Ellerini kulaklarından çekmeden, yavaş yavaş, dikkatle oturma odasına ilerledi. Gözleriyle evi taradı. Tanrı'ya şükür, altın rengi oda takımına bir şey olmamıştı, her şey tek parçaydı. Şükürler olsun! Ayağı yerde duran bir şeye takıldı. Aman Tanrım. Bu da ne? Cam kırığı mı yoksa? Korkuyla pencerelere döndü, panjurlar ve çerçevelerden arta kalanları ve yeri kaplayan cam kırıklarını gördü. Pencereler bizim değil. Onlar evsahibinin malı. Güçlükle yutkunarak yemek masasına yaklaştı, cama benzemeyen küçük bir şey gördü. Uzanıp dikkatle onu yerden aldı, bir an tuttu, sonra korkuyla fırlattı. Tanrım, bu bir şarapnel parçası, bir bomba, hatta şu napalm dedikleri şey olabilir!

Zaman geçmesine rağmen bir şey duymadı. Her şey sakin görünüyordu. Ellerini kulaklarından çekti, panjurları dikkatle açtı. Dükkân hâlâ caddenin yukarısında, olduğu gibi duruyordu. Ebu Muhammed, dükkânın önünde biriken bir kalabalığın ortasında duruyordu. İnsanlar başlarını sağa sola çevirerek etrafa bakıyorlardı. Parmaklarıyla bir yeri işaret ediyorlardı. Parmakların gösterdiği yöne bakınca korkudan çığlığı koyverdi. Komşusu Bayan Tafida'nın evi yıkılmıştı. Üstelik ev, kendi evleriydi. Ne talihsizlik! Ama şükürler olsun ki Bayan Tafida, eşyaları ve çocuklarıyla Tanta'ya gitmişti. Peki Bay Hasan neredeydi? Bay Hasan, belediyenin ileri gelenlerinden biriydi.

Ev *galabia*sının üzerine siyah bir palto geçirdi. Onu gören kocası, kalabalıktan ayrılıp ona doğru yaklaştı. Göğüsünü kaşıyarak:

"Şükürler olsun, dükkân tek parça."

"Çünkü paramız helal para, Ebu Muhammed."

95

"Tertemiz hem de."

"Ya Bay Hasan?"

"Tanrı onu korudu. Benimle birlikte dükkândaydı."

"O saygıdeğer bir insan, Ebu Muhammed."

"Tanrı Müslümanları yanındadır."

"Karısı da saygıdeğer bir kadın. Eşyalarını iki hafta önce taşıdı. Neden biz de bizimkileri taşımıyoruz Ebu Muhammed?"

"Nereye taşıyacağız?"

"Kız kardeşimin Damanhour'daki evine."

"Onları buradan Damanhour'a taşımak kaça patlar biliyor musun?"

"Kaça patlarsa patlasın. O altın rengi takım tek başına yüz altmış Sterlin ediyor. Unuttun mu yoksa?"

"Bay Hasan belediyenin kamyon getirteceğini söyledi. Yarın Bay Hasanla birlikte gidip birini kiralarım."

"Şimdi gidelim. Yarın ne olacağını kim bilebilir?"

Kocasıyla Bay Hasan belediyeye doğru yürürken birkaç adım geriden yürüyor, gözleri onları takip ediyordu. Yola dökülen tuğlalara birkaç kez ayağı takılmıştı. Bir evin duvarında büyük bir delik, bir balkonda da küçük çatlaklar görmüştü. Tamamen yıkılmış bir dükkânla karşılaşınca ellerinin üstüne ve avuçlarına öpücükler kondurarak Tanrı'ya şükretti. Başından kan boşalan bir adam, ve onu taşımaya çalışan bir başkasını görünce başını çevirdi. Tanrı bize yardım etsin... savaş dedikleri bu mu? Filmlerdeki savaşa hiç benzemiyor. Gözlerini kocasının sırtına dikti, sonra Bay Hasan'ın sırtına baktı. Kocası kısa boylu ve biraz kamburdu. Sırtındaki kamburu sadece bir kez, evlendikleri gece görmüştü. Gördüğü kanlar içindeki adamı düşündü. Tamam, kocası kamburdu ama en azından yaşıyordu. Kocası ve Bay Hasan'ın durduğunu gördü. Kocası ona dönerek "Bizi burada bekle Ümmü Muhammed," dedi.

Ümmü Muhammed olduğu yerde durdu, etrafına bakınırken çevresindeki tel örgüye beyaz bir yaseminin sarıldığı geniş bir bahçenin ortasında mavi pencereli, büyük bir bina gördü. Bakmak için tel örgüye doğru yöneldiğine elindeki hortumla bahçeyi sulayan *galabialı* adamı gördü. Bahçede kırmızı, beyaz, sarı ve mor çiçeklerle dolu çiçeklikler vardı. Çiçeklere vuran suyun sesini dinlerken bir çocukluk anısı aklına geldi. Bir testiyi deniz suyuyla doldurmuş giderken birden ayağı kaymış, testiyi düşürmüş, kafası sırılsıklam olmuştu. Suyun sesi kesildi. Başını kaldırdığında bahçe sulayan *galabialı* adamın yanına takım elbiseli bir adamın geldiğini gördü. Çiçeklikler arasında dolanıp, tel örgünün yakınındaki geniş bir çiçekliğin yanında durdular. Takım elbiseli adamın yüksek sesle: "Bu gülü hiç sevmiyorum," dediğini duydu. *Galabialı* adam yumuşak bir sesle yanıtladı: "Neden efendim?"

"Rengi çok soluk. Gül dediğin kan kırmızı olur..."

Adamın pembe dudakların baktı: "Kan kırmızı... Ceylan kanının rengi."

Galabialı adam "Haklısınız efendim," diye yanıtladı. Modern takım elbiseli adam uzaklaştı, büyük binaya girip gözden kayboldu. *Galabialı* adam bahçe sulamayı sürdürdü.

Kırmızı güle bakmak, yaseminin kokusunu içine çekmek ve suyun sesini dinlemek için başını tel örgüye dayadı... Yoksa hayal mi görüyorum? Neredeyim? Hangi kentteyim? İsmailiye'de birkaç saat önce savaş başladığını, o sırada evde olduğunu, patlamaları duyduğunu, Bay Hasan'ın evinin yıkıldığını hatırladı. Evet, hepsini hatırlıyordu, ama buraya gelmek için trene ya da otobüse bindiğini hatırlamıyordu. Yürüyerek bir şehirden diğerine gelmiş olabilir miydi? Bu şeytanın işi olmalı. Acaba trene mi bindik?

Bahçeden gelen sesle kendine geldi.

"Kızım, orada ne yapıyorsun?"

"Burası neresi?"

"İsmailiye"

"Öyleyse birkaç saat önce savaş neredeydi?"

Adam elindeki hortumla caddeyi işaret etti. "Orada, iler-de, Qurshiya'da. Geri çekil, ıslanacaksın."

Bahçeden uzaklaştı, kocası ve Bay Hasan'ın kendisine doğru geldiklerini gördü. Kocası, "Kamyon bugün gelecek," dedi. Kocasının yanında sessizce yürüdü, sonra birdenbire, "Yürüyerek mi geri döneceğiz, trenle mi?" diye sordu. Koca-sının gözlerinin faltaşı gibi açıldığını hissetti; ama sorusunu sakince tekrarladı: "Yürüyerek mi geri döneceğiz, trenle mi?"

KADININ CENNETTE YERİ YOK

Altındaki yere avuç içleriyle dokundu, ama toprağı hissedemedi. Boynunu ışığa doğru uzatarak yukarı baktı. Yüzü uzun ve ince görünüyordu, öylesine esmerdi ki, teni siyahtı neredeyse.

Karanlıkta kendi yüzünü göremiyordu, elinde bir ayna da yoktu. Üzerine düşen beyaz ışık elini aydınlattı. Kısık gözleri hayretle açıldığında içleri ışıkla doldu. Gözleri böyle büyüdüğünde ve içleri ışıkla dolduğunda hurilere benziyordu.

Başını hayretle sağa ve sola çevirdi. Gölgesinde oturduğu yapraklarla kaplı ağaçların ortasındaki geniş alanı, gümüş bir şerit gibi akan suyu, inci taneleri gibi su damlacıklarını, sonra da ağzına kadar çorbayla dolu derin çanağı gördü.

Gözkapakları, gözlerini sonuna kadar açmak için gerildi. Görüntü değişmedi. Cüppesine dokunduğunda ipek gibi yumuşak olduğunu fark etti. Elbisesinin boynundan misk gibi güzel bir koku geliyordu.

Gözlerini kırparsa gördüklerinin değişeceğinden ya da daha önce de olduğu gibi yok olacağından korktuğu için, ne gözlerini ne de başını kıpırdattı.

Ama önünde uzanan gölgeliği, ağaçları ve ağaç dallarının arasından görünen kırmızı tuğladan yapılma saray gibi evi ve evin yatak odasına çıkan mermer merdiveni göz ucuyla görebiliyordu.

Olduğu yerde kalakaldı, önündeki manzaranın gerçek olduğuna inanıp inanmamakta kararsızdı. Öldüğü ve gözlerini açtığında kendini cennette bulduğu rüyayı sürekli görmek onu herşeyden çok üzüyordu. Rüyanın gerçekleşmesi ona imkânsız gibi geliyordu, çünkü ölüm imkânsızdı, ölümden sonra canlanmak daha da imkânsızdı, cennete gitmekse imkânsız olan dördüncü şeydi.

Boynunu çevirmemeye özen göstererek göz ucuyla ışığa baktı. Görüntü değişmemişti. *Omda*'nınkine benzeyen tuğladan ev, yatak odasına giden upuzun merdiven, beyaz ışıkla dolu oda, uzak ufuklara bakan pencereler, geniş yatak ve yatağın ipekle kaplı direkleri; hepsi hâlâ oradaydı.

Öylesine gerçek görünüyorlardı ki inanmamak imkânsızdı. Olduğu yerde kalakalmıştı, kıpırdamaktan da, gördüklerine inanmaktan da korkuyordu. Ölmek, sonra hemen canlanıp cennete gelmek mümkün müydü?

İnanmakta en çok güçlük çektiği şey her şeyin bu kadar çabuk olmasıydı. Yine de ölüm kolaydı. Herkes ölüyordu, hem onun ölümü daha da kolay olmuştu çünkü her zaman yaşamla ölüm arasında yaşamış; ölüme, yaşama olduğundan daha yakın olmuştu. Annesi onu doğurduğu zaman neredeyse ölene kadar bütün ağırlığıyla tepesine çıkmıştı; babası, neredeyse ölene kadar bir çapayla başına vurmuştu; her doğumdan sonra ateşlenmişti, taa ki sekizinci doğumunda kocası karnını tekmeleyene kadar; o zaman güneş ışınları başından içeri sızmıştı.

Hayat zordu, ölüm daha kolaydı. Ölümden sonra canlanmak daha da kolaydı, çünkü kimse ölmez ve kimse canlanmazdı, bütün canlılar ölüp tekrar uyanırlardı. Hayvanlar hariç; onlar ölüp, yok olup giderlerdi.

Cennete gitmesi de imkânsızdı. Ama eğer o gitmeyecekse, kim gidecekti peki? Hayatı boyunca Allah'ı ya da Peygamber'ini kızdıracak hiçbir şey yapmamıştı. Siyah kıvırcık saçlarını örer, örgüyü beyaz bir başörtüsüyle örter, sonra siyah bir örtüyle başını sarardı. Cüppesinin altından topukları dışında hiçbir şey görünmezdi. Doğduğu andan ölümüne kadar "peki" dışında bir sözcük bilmemişti.

Şafaktan önce annesi tezekleri taşıması için onu dürtüklediğinde tek sözü "peki", olmuştu. Babası hastalanan inek yerine onu su değirmenine bağlasa sadece "peki" derdi. Hiçbir zaman kocasının gözlerine bakmamıştı, hastalanıp ateşlendiği zamanlarda bile kocası üstüne çıktığında ağzından sadece "peki" sözcüğü dökülürdü.

Hayatı boyunca ne çalmış, ne de yalan söylemişti. Başkasının yemeğini almaktansa aç oturmayı, hatta açlıktan ölmeyi tercih ederdi; yemek babasının, abisinin, ya da kocasının olsa bile. Annesi, babası için pidenin içine et koyar, sonra da tarlaya kadar başının üstünde taşıması için ona verirdi. Annesi, kocasının yemeğini de pideye sarardı. Başının üstünde yemekle yürürken bir ağacın gölgesinde durup pideleri açmak isterdi ama bunu hiçbir zaman yapmamıştı. Ne zaman yemekte gözü kalsa, Tanrı'ya onu şeytandan koruması için yakarır, açlık katlanılmaz olduğunda yol kenarından yolduğu bir demek yabani otu çiğneyip bir yudum suyla yutar, kanalın kıyısında avucunu suyla doldurup susuzluğu yatışana kadar içerdi. Sonra ağzını elbisesinin yeniyle kurularken kendi kendine "Allahıma şükürler olsun," diye mırıldanır, bunu üç kez tekrar ederdi. Beş vakit namaz kılar, alnını secdeye dayayarak Tanrı'ya şükrederdi. Ateş nöbetine tutulsa, başı alev alev yansa bile Allah'a şükretmeye devam ederdi. Ramazanda oruç tutar; mevsimi gelince tarlada çalışır; hasat günlerinde ekin biçerdi; yas günlerinde yas giysilerini giyip mezarlığa giderdi.

Babasına, erkek kardeşine, ya da kocasına karşı hiçbir zaman öfke duymamıştı. Kocası onu öldüresiye dövdüğünde babasının evine geri dönerse, babası onu tekrar kocasına yollardı. Babasına bir kez daha giderse onu önce kendisi döver, sonra kocasına yollardı. Eğer kocası onu reddetmez ve geri alırsa tekrar dayak yediği zaman döndüğünde, annesi ona, "Geri dön Zeynep. Ahirette cennet senin olacaktır," derdi.

Doğduğu günden beri annesinden "cennet" sözcüğünü duymuştu. Bu sözcüğü ilk kez başının üstünde tezek yığını, ayaklarının altı bastığı yerlerden kavrulurken, güneş altında yürürken duymuştu. Cenneti gölgelik, geniş bir alan olarak düşlemişti; başının üstünde tezek taşımıyordu, yanında komşunun oğlu Hasan, ayaklarında onun giydiği türden ayakkabılarla bastığı yeri onun gibi ezip geçiyor, eli elini tutuyor, birlikte gölgede oturuyorlardı.

Hasan'ı düşündüğünde hayalleri el ele tutuşmaktan ve cennetin gölgesinde oturmaktan ileri gitmemişti. Ama annesi onu azarlamış, cennette ne komşunun oğlu Hasan'ın, ne de başka komşu oğullarının olacağını; gözlerinin kocasından ya da erkek kardeşinden başka erkek görmeyeceğini; eğer evlendikten sonra cennete giderse orada sadece kocasının olacağını; eğer ruhu, uykuda ya da uyanıkken şeytana uyar da gözleri kocasından başkasına bakarsa, hatta ölmeden önceden bir erkeğin elini tutarsa, cenneti uzaktan bile göremeyeceğini, kokusunu bile duyamayacağını söylemişti. O zamandan beri uyumak için her yatağa girişinde yalnızca kocasını gördü. Cennete kocası onu dövmüyordu. Kafasının üzerinde tezek yığını yoktu, bastığı yer tabanlarını yakmıyordu. Kara çamurdan evleri kırmızı kiremitten bir eve dönüşmüştü, içinde yukarı çıkan bir merdiven vardı, geniş yatağın üzerinde oturan kocası elini tutuyordu.

Hayalleri, cennette kocasının elini tutmaktan ileri gitmemişti. Hayatında bir kez olsun kocasının elini tutmamıştı. Sekiz kız ve erkek evlada, bir kez olsun kocasının elini tutmadan gebe kalmıştı. Kocası yaz geceleri tarlalarda, kışları ambarda ya da ocağın üzerinde yatardı. Bütün gece sırtüstü uyur, başka yöne hiç dönmezdi. Döndüğü zaman da çakal gibi sesiyle ona haykırırdı: "Kadın!" Daha o, "Efendim," ya da "Peki," demeye zaman bulamadan onu bir tekmeyle sırtüstü yere yıkar, üstüne yuvarlanırdı. Eğer ses çıkartır ya da iç çekerse onu tekrar tekmelerdi. Hiç ses çıkarmaz ya da iç çekmezse üçüncü tekmeyi, hatta işi bitene kadar dördüncü tekmeyi de yerdi. Şans eseri bile olsa, ne elleri ellerini tutar, ne de kolları ona sarılmak için uzanırdı.

İnsan ya da değil, birbirine sarılan bir çift hiç görmemişti; güvercin barakasına gittiği zaman hariç. O zaman duvarın tepesinde gagaları birleşmiş bir çift güvercin görmüştü; ya da sığır ağılına indiğinde, öküz ve inek, manda ya da köpeklerin çiftleştiğine tanık olmuştu, annesi de elindeki bambu sopayı sağa sola savurarak hayvanlara küfrediyordu.

Hayatı boyunca ne başına sardığı siyah örtüyü, ne de onun altına bağladığı beyaz başörtüsünü çıkarmıştı, birisi öldüğü zamanlar hariç; o zamanlarda beyaz baş örtüsünü çözer, siyah örtüyü başının etrafına dolardı. Kocası öldüğü zaman siyah örtüyü alnının üstünden iki kez dolamış, yas giysilerini üzerinden üç yıl çıkartmamıştı. Bir adam gelip evlenmek istediğini söylemiş ama çocuklarını istememişti. Annesi tiksintiyle yere tükürmüş, başındaki örtüyü çekip alnına indirmiş, "Utanç verici," diye tıslamıştı. "Bir anne, erkek uğruna çocuklarını terk eder mi hiç?" Yıllar sonra, bir başka adam onu çocuklarıyla birlikte istemeye geldi. Annesi, "Anne olduktan ve kocasını kaybettikten sonra, bir kadının bu dünyadan isteyecek neyi kalır ki?" diye avazı çıktığı kadar bağırmıştı.

Günün birinde siyah atkıyı çıkartıp beyaz örtüyü takmak istemişti, ama insanların kocasını unuttuğunu düşünmesinden korkmuştu. O da siyah atkıyı takmaya, yas giysilerini giymeye devam etti ve hep üzgün kaldı, ta ki üzüntüden ölene dek.

Kendini tabutun içinde, ipek bir kefene sarılı buldu. Cenaze töreninin ardından annesinin kurt ulumasını, ya da tren düdüğünü andıran feryadını duydu: "Cennette kocanla buluşacaksın Zeynep..."

Sonra ses kesildi. Sessizlikten ve toprak kokusundan başka hiçbir şey duymadı. Altındaki yer ipek gibi yumuşak oldu. "Bu kefen olmalı," dedi. Başının üzerinden gelen öfkeli sesler duydu, sanki iki adam kavga ediyordu. İçlerinden biri ismini anarak, mezarın işkencesini çekmeden hemen cennete gitmesi gerektiğini söyleyene kadar neden kavga ettiklerini bilmiyordu. Ama diğer adam buna katılmıyordu; az da olsa bir süre işkence çekmesi gerektiğinde ısrar etti, doğrudan cennete gidemezdi. Mezar işkencesinden herkes geçmeliydi. Ama ilki, işkenceyi hakedecek hiçbir şey yapmadığını, kocasına yüzde yüz bağlı kaldığını söyledi. İkincisi ise beyaz baş örtüsünün altından saçının göründüğünü, saçlarını kınayla kızıla boyadığını, elbisesinin altından kınalı topuklarının göründüğünü ileri sürdü.

İlki, saçının hiçbir zaman görünmediğini, arkadaşının gördüğü şeyin yün parçasından başka bir şey olmadığını, elbisesinin her zaman uzun ve kalın kumaştan yapıldığını, onun altına giydiği iç eteklerin elbiseden de uzun ve kalın olduklarını, topuklarının kırmızısını kimsenin görmediğini söyleyerek diğerine çıkıştı.

Ama arkadaşı, kırmızı topuklarının kasabadaki birçok erkeği baştan çıkardığında ısrar ederek atışmayı sürdürdü.

Aralarındaki tartışma bütün gece sürdü. Yüzü yerde, ağzı ve burnu toprağa dayalı olarak bütün gece bekledi. Nefesini tutarak ölmüş gibi yaptı. Ölmediği anlaşılırsa işkencesi uzatılabilirdi, onu ancak ölüm kurtarırdı. Adamların arasında neler geçtiğini duymadı, ölümden sonra mezarda olanları, insan ya da ruh, kimse duyamaz. Biri duysa bile duymamış, ya da anlamamış gibi yapması gerekir. En önemlisi de iki adamın mezar meleği, ya da herhengi türde birer melek olmadıklarıydı, çünkü meleklerin, bir çift gözü olan bütün kasabalıların bilebileceği bir gerçeği görmezden gelmeleri mümkün değildi: Topukları hiçbir zaman *Omda*'nın kızınınkiler gibi kırmızı olmamıştı, yüzü ve avuçları nasılsa, onlar da öyleydiler; toprak gibi çatlak ve siyah.

Tartışma şafaktan önce sona erdi, işkence çekmemişti. Sesler kesildiğinde Tanrı'ya şükretti. Bedeni hafifledi ve uçuyormuşçasına yükseldi. Bir bulutun üstündeymiş gibi havada asılı kaldı, sonra bedeni inişe geçti ve yumuşak, nemli toprağa kondu. "Cennet," dedi soluk soluğa.

Başını dikkatlice yukarı doğru kaldırdığında geniş yeşil alanı, sık yapraklı ağaçları ve altlarındaki gölgeliği gördü.

Yere oturdu, ağaçlar önünde sonsuzluğa uzanıyordu. Temiz havayı içine çekti; kır, toz ve gübre kokusu uçtu gitti.

Yavaş hareketlerle ayağa kalktı. Ağaç gövdelerinin arasından kırmızı kiremitten evi görebiliyordu, kapısı tam karşısındaydı.

Aceleyle içeri girdi. Soluk soluğa yukarı çıkan merdiveni tırmandı. Nefes almak için yatak odasının önünde bir an durdu. Kalbi deli gibi atıyor, göğsü inip kalkıyordu.

Kapı kapalıydı. Yavaşça elini uzatıp kapıyı itti. Yatağın dört direğini ve direklere asılı perdeyi gördü. Ortada geniş bir yatak, yatağın üzerinde de damat gibi oturan kocası vardı. Kocasının sağında bir kadın vardı. Solunda bir başka kadın. İkisi de beyaz tenlerini ortaya seren şeffaf elbiseler giymişlerdi, gözleri hurilerin gözleri gibi ışık doluydu.

Kocasının yüzü ona dönük değildi, demek ki onu görmemişti. Eli hâlâ kapının üzerindeydi. Kapıyı arkasından çekerek kapattı. Kendi kendine: "Siyah bir kadının cennette yeri yok," diyerek dünyaya geri döndü.

İKİ KADIN

※

Gözbebeğindeki pırıltı, tıpkı otuz yıldır olduğu gibi, günışığı kadar güçlü ve küstahtı. Kollarını, ona sarılmak için gönülsüzce kaldırdı. Kol kasları kasıldı; ona sıkıca mı sarılsa, yoksa göğüslerinin birbirine dokunmasını engelleyecek, bir milimetrelik bile olsa bir boşluk mu bıraksa bilemedi. Göğsü otuz yıldır değişmemişti, üzerinde mor bir doğum lekesi vardı. Beyaz elbisesinin altındaki küçük göğüsleri dik ve gergindi, karşılık beklemeden vermeye hazırdılar. Çocuksu bir masumiyete sahip toy bir genç kız kadar açık kalpliydi, sanki eline erkek eli değmemiş, üç kez gebe kalıp doğurmamış, büyük oğlu koca bir adam değilmiş, küçük kızının iki çocuğu yokmuş gibi...

İkisi karşılaşmayalı otuz yıl geçmişti. Otuz yıldır, ne zaman karşılaşsalar, gözleri buluşacak gibi olsa, göz temasını önlemek için başını çevirirdi. Oysa otuz yıl önce, onu görmediği, ya da gece gündüz olan bitenleri anlatmak için telefonu kaldırmadığı bir gün bile geçmemişti. Okul zamanı, bir gün bile kafa kafaya verip son haberleri, şeytani bir düşünceyi, ya da bir fıkrayı fısıldaşmadıkları olmamıştı. Göğüsleri hava ile şişip tıkanana, içlerinde hapsettikleri hava burunlarından ve ağızlarından kesik kesik çıkmaya başlayana kadar kahkahalarını bastırırlar, sonunda öğretmen karatahtanın önünde sarkaç gibi bir ileri bir geri gitmeyi bırakır, tebeşir gibi ince ve sivri parmaklarıyla onları tutup sınıftan atardı. Yaz tatillerinde ancak arkadaşı da onunla gelirse tatil tatile, yolculuk yolculuğa benzerdi, arkadaşı olmadan deniz, kum, ev, okul, sokak; tüm dünya pırıltısını yitirir; hayat sıkıcı ve zevksiz hale gelir, annesi, babası, erkek kardeşleri, teyzeleri ve amcaları dışında kimseyi görmezdi. Onlarla arasında ne bir sözcük, ne de konuşma geçerdi. Onlar, yıl sonu sınavlarının sonuçları ve vücut hatlarının giderek yuvarlaklaşması dışında, kendisi hakkında hiçbir şey bilmezlerdi. Göğüsleri annesininkiler kadar olana dek büyüdü de büyüdü. Gözleri, pencere demirlerinin arasından o sivri burunlu ve gür, kara bıyıklı yüzü gördüğü zamanlar, geniş göğüsünün altında ufak, yumruk büyüklüğünde bir kasın delicesine çarptığını kimse bilmiyordu. İsmi dudaklarından geçemezdi. Annesi kulağını onunla arkadaşının olduğu odaya yapıştırıp dinler, anahtar deliğinden bir erkek ismi değil, yalnızca kız isimleri duyduğu için rahat bir nefes alırdı. Her ismin sonundaki son heceyi yakalamak için özenle dinlerdi, çünkü ismin sonundaki dişil ek, erkek ismini kız ismine çevirirdi: Emin, Emine; Nebil, Nebile olurdu. Bu konuşma gün sonuna, yıl sonuna, okulun son yılına, bitirme sınavlarına ve mezuniyete kadar böyle sürdü gitti. Sonra evlilik kontratı son hecedeki dişil eki söktü aldı, isim eril oldu.

Kolları hâlâ ona sarılmak için gönülsüzce havadaydı, kol kasları kasılmıştı; ona sıkıca mı sarılsa, yoksa göğüsleri arasında boşluk mu bıraksa karar veremiyordu. Siyah yas elbisesinin altındaki göğüsleri, kendisinin ve yedi kardeşinin emdiği, yine de hiçbir zaman boş kalmayan, her zaman yeniden dolan annesinin göğüsleri kadar büyük ve sarkıktı. Annesine olan nefreti giderek artmıştı. Sütten kesildiğinden beri sarılırken göğsünün annesininkine dokunduğu olmamıştı. Bir yolculuktan döndüğünde karşılaşmaları el sıkışmadan, ya da kolunu öylesine etrafına dolamasından öteye gitmez, annesiyle onu ayıran boşluk her zaman aralarında kalır, toprak rengi zerrecikler havada uçuşurdu. Babasınınki gibi tatlı bir ses kulaklarında çınladı. Geniş, tüylü göğsüne bir cenin gibi kıvrılıp, başını uzun boynuna yasladığı zamanlardan tanıdığı bir ses. Sonra tütün kokulu gür sakalına dokunabilmek için uzanırdı. Babası yanağını çimdiklediğinde gülmekten kırılır, o da babasının sakalını çekiştirdiğinde adam nikotin lekeli dişlerini göstererek kahkahayı patlatırdı. Annesi yerleri süpürürken toz zerrrelerinin arasından bakar, gözlerinin üzerinde gri bir perde belirirdi. Babası kulağına yavaşça: "Annen seni kıskanıyor," diye fısıldamıştı. Ses beyin zarına saplandı, sözcükler damarlarına kadar işledi, kan hücreleri beyin hücrelerinde kaskatı bir fikre dönüştüler: Annesiyle aralarında bir yarış vardı. Onlar, iki rakipti.

Babası annesinden önce öldü; onu annesinin öldürdüğüne inanıyordu. Annesinin son nefesi geniş göğüsünden çekilene kadar, hiç soru sormadan, bir kelime bile etmeden, bakışlarıyla suçladı onu; sonra kolları ona son kez dokunmadan sarılmak için yükseldi. Gözkapakları sonsuza dek kapanmadan önce, annesi gözlerini son kez açtığında, bu içten, suskun bakışta gerçeği gördü. Gerçeği anladığında gözleri açıldı, neredeyse dünya kadar, çok geç anlaşılan gerçek kadar büyüdüler. Gözkapakları sonsuza kadar kapandığında kolları annesinin geniş göğsüne arada hiç boşluk bırakmadan sarılmak için savaştı. Ama artık arada yalnızca hava yoktu. Boşluk, bir duvar kadar kalınlaşmıştı. Annesinin göğsü artık göğüs değildi, ellerinin altında granit rengi bir toprak parçası gibi sertleşmişti. Annesinin odasının duvarındaki boya kayboldu ve altından üst üste duran tuğlalar göründü. Tuğlaların üstünde, başına geniş bir şapka takmış olan babasının resmi vardı. Omuzlarının üstünde bir başka omuz; tatlılıkla gülümseyen gözlerinin üstünde ne tatlı ne de gülümseyen bir çift başka göz vardı.

Kolları sarılmak ve iki göğüs arasındaki boşluğu yok etmek için hâlâ umutsuzca annesinin bedenine dolanmaya çalışıyordu. Diğer göğüs sabit durdu; kalbi açık, vermeye hazırdı. Ama kendi göğüsleri büyük ve sarkıktı, utançla dolmuşlardı, ağırdılar. Otuz yıldır annesinden ve ondan miras kalan büyük göğüslerinden nefret ederek yaşamıştı. Nefret, göğüslerinden bütün bedenine yayılmıştı, artık hiçbir erkeğin onu babası kadar sevebileceğine inanmıyordu. Babasının ölümünden sonra yıllardır kalbinde sakladığı adamla evlendi. Düğünden sonra isminin sonundaki dişil ek düştü. Onun tüylü göğüsünde bir cenin gibi kıvrıldı, sakalını çekip kahkaha atmak için başını boynuna yasladı. Onun güldüğünü, hatta gülümsediğini bile hiç görmedi, gülümseme, mutluluk ve zevk olmadan dört oğlan, bir kız çocuk doğurdu. Yemeğin tadı, sabahın kokusu bile kaybolup gitti; geriye bir tek yerleri süpürürken duyduğu toz kokusu kaldı. Kızı kanepede kocasının kucağında sallanıyor, ya da eşeğe biner gibi sırtına çıkıyordu. Toz zerrelerini taşıyan güneş ışınları içinden onlarla göz göze geldiğinde kahkahalar kesildi, gülüşler yok oldu ve gri bir perde bütün gözleri kapladı. Kocasın-

110

dan, evlendiği geceden beri nefret ediyordu. İlk oğlu büyümüştü, göğsünde ot gibi kalın tüyler çıkmıştı ama hâlâ onun sırtını sabun ve lifle ovmaya devam ediyordu. Dışarıdan eve her dönüşünde kollarını etrafına doluyor, büyük toparlak göğüsleriyle oğlanın göğsünü sarmalıyordu. Babanın hırçın sesi kulaklarında çınladı: "O artık çocuk değil, katırın teki." Oğlu ona duyurmadan yanıt vermişti: "Katır sana benzer."

Gülünce üst dudağının üzerindeki gri bıyıklar çekiliyor, çürük ve nikotin lekeli dişleri ortaya çıkıyordu. Kocaman eli havada yükseldi, oğlanın mı yoksa annenin mi yüzüne ineceğine karar verememişti. Siyah tüylerin hâlâ gri tüyler olduğu zamanlarda eli oğlanın yüzüne inerdi. Ama çocuk koca adam olmuştu ve boyu babasının iki katıydı. Koca el artık annenin yüzüne inmekte tereddüt etmiyordu.

Kocasından her tokat yiyişinde, eli yükselir, gerilen kasları kocasının mı, oğlanlardan birinin mi yoksa kızın mı yüzüne ineceğine karar veremezdi. Ama eli her defasında küçük kızın yüzüne inerdi. Aralarında en küçük ve zayıf olan oydu, daha da önemlisi bir kızdı. Geceleri sanki hiçbir şey olmamış gibi kocasının yanında uyurdu. Kocası da sanki hiçbir şey olmamış gibi uzanıp ona sarılırdı. Sabahları sanki hiçbir şey olmamış gibi ona çay demlerdi. Kocası her zaman olduğu gibi işine gider, öğle vakti geri dönerdi. Kendi de her zaman olduğu gibi kocası gittikten sonra işe giderdi. Kocasından önce eve gelir, kocası eve döndüğünde çoktan yerleri süpürmüş, çamaşırları yıkamış, yemeği pişirmiş olurdu.

Kolları iki göğsü birleştirmek için uzanmıştı, kasları gerilmişti, iki göğüs arasındaki boşluk kaybolmuyor, gözlerinin içine bakamıyordu; ama siyah gözbebeklerindeki pırıltı otuz yıldır olduğu gibi, günışığı kadar parlaktı. Gözlerinin ve ağzının çevresinde ince çizgiler vardı ama yüzü hâlâ gergindi. Yüreği, küçük ve sert göğüslerin altında atıyordu. Sırt kasları gergindi ve kolunun altında yürek gibi atıyorlardı. Sıcaklık, gençlik ateşi gibi damarlarında, kolundan omuzlarına ve sırtına ilerlemiş, bedenindeki bütün kaslar gerilmiş, otuz yıl önce olduğu gibi; genç bir öğrenciye dönüşmüştü. Başının arkasındaki kronik ağrı yatıştı. Bedeninin ağırlığı; başının boynuna, boynunun sırtına, göğsünün kalbine verdiği ağırlık, hafifledi; hatta büyük, hantal göğüsleri bile küçüldü, kasları gerilerek kaburgalarının üzerinde yükseldi. Kalbindeki kapanmış olan hava geçitleri açıldı, burnundan ve ağzından gelen hava kesik kesik soluklarla göğüsüne doldu. Kolları daha da ileri uzandı, kasları aradaki boşluğu kapatmak için umutsuzca gerildi. Beynindeki sabit düşünce bakır bir top gibi ağırdı. Bu düşünce dışında hayatındaki her şey değişmişti. Bedeni değişmişti, yüz hatları değişmişti, göz rengi değişmişti, kaslarının biçimi, yere basışı, hatta yerin kendisi bile değişmişti. Kafatasının içindeki beyin hücreleri yerini yeni hücrelere bıraktı. Geriye yalnızca iğne başı büyüklüğünde, bakır bir top gibi ağır olan bu düşünce kalmıştı; başının arkasından önüne, soldan sağa ya da sağdan sola hareket ediyordu ama hiç değişmemişti.

Kolları onu sarmalamak için uzanmıştı. Bir milimetreden fazla olmayan bir boşluk iki göğüsü birbirinden ayırıyordu. Başı ince boyna sürtündü, nabzı bir anne yüreği gibi atıyordu. Kan, boynundan sırtına, oradan da omurgasına doğru hücum etti, sonra paslı bakır topa çarpmak üzere tekrar kafasına doğru yükseldi. Tütün kokusunu içine çekmek için burnunu boyna dayadı. Dudağın üstündeki bıyığı çekiştirmek için elini uzatmıştı ki parmakları yumuşak, tüysüz derinin üzerinde kasıldı kaldı. İçine tütün yerine leylak kokusu doldu. Uzanmış kolunun üzerinden boyasız duvarı, duvarın üzerinde babasının siyah çerçevenin içindeki yüzünü ve geniş alnındaki hendek gibi derin çizgiyi gördü. Hendeğin altından ona bakan gözler kocasınınkileri andırıyordu. Gözlerine bakmadan, onunla otuz yıl bir yastığı paylaşmıştı. Yıllar yılı, ne gündüz, ne gece, kocasının yüzüne bakmamıştı. Her sabah, her zamanki gibi o işe gittikten sonra işe gitmiş, gün sonunda ondan önce eve dönmüştü. Her zaman olduğu gibi yerleri süpürmüş, çamaşırları yıkamış, yemek pişirmişti.

Bir keresinde alışılmadık bir şekilde işten eve erken döndüğünde kocasını yatakta başka bir kadına sarılırken yakalamıştı. Sırtı ona dönük olduğundan yüzünü görememişti. Yüzü başka bir kadının göğüsüne bakıyordu. Küçük göğüslerin dik ve gergin kasları vardı, karşılık beklemeden vermeye hazırdılar. Göğüsün üzerinde mor bir doğum lekesi vardı.

Kol kasları kafasının arkasında kazınmış resmi silmek için umutsuzca uzanmaya devam ediyordu. Zaman, gözünün önünde kara bir bulut gibi asılı kalmıştı. Acı, yüreğinde derin bir çukur gibiydi. Kocası uzaklara gitmiş, ölmüş ve geri dönmüştü sanki, başının üzerinde onu baştan aşağı gizleyen kadın peçesi gibi uzun bir örtü, duvardaki gözleri babasınınkiler gibi gülümsemeden ona bakıyordu. Geniş alnında hendek gibi derin bir çizgi vardı. Kolları hâlâ ona son kez sarılmaya çalışıyorlardı. İki göğüs arasında hâlâ, üzerinde yara gibi derin bir çatlak olan, duvar kadar kalın bir boşluk vardı. Ama siyah gözbebeğindeki ışıltı hâlâ günışığı kadar parlaktı ve göğsünde mor bir doğum lekesi vardı. Açık kalpliydi, karşılık beklemeden vermeye hazırdı; kan yüreğinden başına hücum etti. Bu sırada paslı bir parça beyin hücrelerinden kopup gitti. Gözün önündeki zaman perdesi, gözyaşlarıyla yıkanan bir peçe gibi eridi. Göğüs göğüse sarıldı, boşluk kayboldu, iki kafa okul günlerindeki gibi bir araya geldiler. Nefesleri göğüsleri hava dolup boğulacak hale gelene kadar tutulmuştu. Gülen ve ağlayan iki çocuk gibi içlerinde hapsettikleri hava, burunlarından ve ağızlarından kesik kesik çıktı. Duvarın çatlağında açık duran göz onlara dikildiği zaman kahkaha yerini hıçkırıklara bıraktı.

"BEAUTİFUL"

※

O gece eve döndüğünde karısını yatakta bulamadı. Yeni şirkette çalışmaya başladığından beri eve karısı uyuduktan sonra geliyor, sabahları o uyanmadan çıkıyordu. Bu sabah her zaman olduğu gibi onu yatakta; duvar kenarında, çarşafların altında kıvrılmış beyaz bir kabartı halinde uyurken bırakmıştı.

Gözlerini karanlığa dikip kıpırdamadan durdu. Geniş yatak yer gibi dümdüzdü, hiç bozulmamıştı.

Bunaldığı zamanlar yaptığı gibi yavaş adımlarla aynaya doğru ilerledi. Babasınınki gibi uzun ve zayıf bir yüz aynadan ona bakıyordu. Sırtında, daha o sabah orada olmayan bir kambur belirmişti. Sanki o sabah bir, on, yirmi yıl ön-

115

ceydi, hatta daha da önce; sanki aynanın önünde durmayalı çok uzun zaman olmuştu. Aklındaki en son görüntüsünde genç bir adamdı; bedeni ve kasları gergin, başı yukarıda, sırtı dikti. Kollarını kendi etrafına doladığında tüm evreni sarmalardı; ve geceleri karısını sarmalardı, sanki o evrenmiş gibi.

Eski Kahire'de aynı şirkette çalışırlardı. Önlerinde kızıl sarı gün ışığıyla dolu bir yaşam uzanıyordu. Ve bedenine doladığı kolları tüm evreni sarmalıyordu. Onu sarmaladığında hem evrene, hem de ona sahip oluyordu. Sahip olmanın verdiği zevkin acı bir tadı ve elle tutulur bir gerçekliği vardı.

O ve evren dışında hiçbir şeye sahip değildi. Babası öldüğünde, geriye duvarda asılı duran, belleğine kazınmış çerçeveli resim dışında hiçbir şey kalmamıştı. Resimde babası bir madalya almak için duruyordu; üzerinde akşam elbisesi vardı, elleri ileri uzanmış, başı sırtıyla birlikte öne eğilmişti.

Babasının başını eğdiğini daha önce hiç görmemişti. Ayaktayken uzun boylu görünür; mağrur, sırtı dik, başı yukarıda dururdu. Okul arkadaşları babalarının zenginliğiyle övünürken, kendisi kimseye başını eğmeyen bir babası olmasıyla övünürdü.

O zamanlar arkadaşları anneleriyle övünmezlerdi. Kimse annesinin ismini bile anmazdı. Ama babasından başka erkek tanımadığı, tabuta girene kadar hiç durmadan çalıştığı için annesiyle içten içe gurur duyuyordu. Sesi fısıltı gibi çıkar, hiçbir zaman yükselmezdi; adım atarken elbisesinin hışırtısı dışında ses çıkarmazdı. Yüksek sesle aksırsa, eliyle burnunu kapatır ve özür dilerdi.

Annesi de babası gibi ayakta ölmüştü. Uyumamıştı bile. Yatağa yattığında, duvar kenarında, bedeni kadar küçük bir yer kaplardı yalnızca. Babası eve geldiğinde kalkar, ba-

116

bası uyuyana kadar tekrar yatmazdı. O ölene kadar ölmemişti de. Babası ölünce giysilerini toplamış, yatağın altında duran ahşap bir kutuya koymuştu. Akşam elbisesi, kutunun ortasında, yakasına iğnelenmiş madalya ve etrafına serpilmiş beyaz naftalinlerle birlikte kutunun ortasında duruyordu.

Gözlerini yumdu; yeniden açtığında üzerinde babasınınki gibi bir akşam elbisesi ve yakasında madalya gibi parlayan bir armayla aynanın önünde duruyordu. Yüzü, babasının ölüsü kadar solgundu. Arkasındaki yatak yer gibi dümdüz duruyordu, sanki hiç bozulmamıştı, sanki karısı üzerinde hiç uyumamıştı. Her gece sağ tarafına yatar, ona sırtını, duvara yüzünü döner, uyurken annesi gibi ellerini göğsüne bastırıp bacaklarını karnına çekerek kıvrılır, üstünü kafasına kadar örter, hiçbir yanı görünmezdi.

Karısının uyuyan bedeni sonsuz sadakatini garanti eder, onu öyle bir güvenle doldururdu ki, annesiyle olduğu gibi onunla da içten içe gurur duyardı, ta ki bu olaya kadar.

Gözlerini kapatıp aynanın önünde durdu. Görüntüsü belleğinden silindi, olanları unuttu. Sonra yüzlerce, binlerce defa hatırladı ve tekrar unuttu. Hatırladı, sonra unuttu, sonra hatırladı. Karısını yatakta uyurken değil de otururken gördü, yanındaki kendisi, erkek kardeşi, babası ya da aileden, mahalleden hatta ülkeden herhangi bir erkek değil; tek kelime bile Arapça bilmeyen bir yabancıydı.

Karısı, kırmızı sentetik elbisesinden hiçbir zaman hoşlanmamış, üzerine beyaz yaseminler işlenmiş, gök mavisi pamuklu elbiseyi tercih etmişti. Düğünden önce gözlerinde yalnızca onun yanında beliren pırıltıyla, yalnız onun için giydiği elbiseydi bu. Düğünden sonra gözlerindeki pırıltı bir gelip bir gitmiş, sonunda da tamamen kaybolmuştu. Bunun nasıl olduğunu bilmese de, o zamandan beri tedirgindi, içindeki şüphe bir belirip bir kayboluyordu. Gözlerindeki pırıltının tekrar belirdiğini fark ettiği anda kaygıyla etrafına bakınır, eğer bir pencerenin açık ya da aralık olduğunu görürse ardında bir başka erkek olduğunu düşünürdü.

Hâlâ Eski Kahire'deki küçük dairedeydi. Binalar iç içeydi, komşuların pencereleri gün boyu ya açık, ya kapalı olurdu. Yarı açık, ya da yarı kapalı olan yalnızca bir pencere vardı. Ardından dışarıyı gözetleyen yüz, yaşlı ve yıpranmıştı ama yine de bir erkek yüzüydü ve ona göre bir erkek, bir kadına bakmadığı sürece pencereye çıkmazdı.

Karısı haftada bir şirkete gitmediği gün dışında pencereye çıkmazdı. Pencere küçüktü, kırılan camın yerine tahta çakılmıştı. Etrafındaki duvarlar pervazın yanındaki duvara vuran günbatımından önce, yalnızca ince bir güneş ışınının içeri sızmasına izin verirdi. Karısının dışarı uzanmış elleri, tamamen kaybolmadan önce ışına dokunabilirdi. Kışları, ışın ılık ve kızıl sarı olur, gözlerine yansıyan ışık pırıltı gibi görünürdü. Karısının gözlerindeki pırıltıyı görünce kaygıyla etrafına bakınır; o yarı açık, ya da yarı kapalı pencere dışında hiçbir şey, ışın ya da güneş, göremeyince, pencerenin, ardındaki insanın görünmeden etrafı gözetlemesi için o şekilde durduğunu düşünürdü.

Ufak şeylere sinirlendiğinde bile babası gibi sesini yükseltirdi. Ama karısına hiç sinirlenmezdi, çünkü o da annesi gibi evin içinde ya da dışında hiç durmadan çalışırdı. Hareketleri, annesininki gibi sessizdi; sesi her zaman fısıltı gibi çıkar, hiçbir zaman yükselmezdi. Kendisi sinirlenip sesini yükselttiği zamanlarda bile sessiz kalır, cevap vermezdi. Onu tek sinirlendiren karısını pencereden dışarı bakarken görmekti. Karısının da annesi gibi olduğunu, kendisi dışında hiçbir erkek tanımadığını içten içe bilse de, pencereden dışarı bakan bir kadının yalnızca güneşi izleyeceğine inanmıyordu.

Bir keresinde pencereyi kapatması için ona tokat atmıştı, o da kapatmıştı. Bir hafta sonra, boş günü geldiğinde onu yine pencereyi açarken görmüştü. Onu tekrar, ilkinden de şiddetli tokatlamıştı. Tokatının gücünün kıskançlığının gücünü, kıskançlığının gücünün de sevgisinin gücünü yansıttığına inanıyordu; karısı da tokat yediği zaman annesi gibi mutlu olmalıydı. Ama mutlu değildi.

Ona kırmızı sentetik elbiseyi aldığında mutlu olmamış, eski gök mavisi elbiseyi giymeye devam etmişti. Ma'adi'de geniş bir daireye taşındıklarında onu mutlu görmemişti. Maaşı iki katına çıkınca onu çalıştırmamıştı ama bu da onu mutlu etmemişti. "Osman Amca" geldikten sonra yemek pişirmesine, çamaşır yıkamasına, temizlik yapmasına gerek kalmamıştı ama ne mutlu ne de tatmin olmuşa benziyordu.

Gözlerini açtığında yüzü babasınınki gibi uzun ve zayıf, sırtı babasınınki gibi eğik, üzerinde babasınınki gibi bir akşam elbisesi, yakasında bir madalya gibi parlayan armayla aynanın önünde durduğunu gördü. Arma metal değil, yeşil kumaştandı, üstünde de beyaz plastik harfler parlıyordu: *Transnational.*

Yabacı bir dilde yazılan harfler gözüne tuhaf göründü, sanki onları ilk kez görüyor, göğüsündeki armayı ilk kez keşfediyordu. Yeni şirketin ismini taşıyordu. Oraya on yıldır her gün gidiyordu, sanki bu on yıl boyunca aynaya hiç bakmamıştı. Zaman dardı, her anın bir fiyatı vardı ve bilgisarayara işleniyordu. Maaşını dolar üzerinden alıyordu, masası yeşil çuha kaplıydı, üzerinde numaraları hafızasında tutan ve neredeyse daha tuşa basmadan çalışan bir telefon vardı; pencerede, dışarıdan içeriyi göstermeyen ithal camlardan vardı, neon ışık on ampul kadar parlaktı.

Işığın altında otururken kırmızı sentetik elbisesi parlıyor, boyun kısmında karınca yuvası kadar düzgün bir farbalayla birleşiyor, bel kısmında geniş, kadife bir kuşağın altında daralıyor, kalçalarının etrafına nilüfer yaprakları gibi sarılıyordu.

Beautiful!

Yabancı bir dilde söylenen bu sözcük kulaklarında çınladı; sanki bunu ilk kez duyuyor, ne anlama geldiğinin ilk kez keşfediyor, anlamını ilk kez kavrıyordu; bunu söyleyen bir erkekti; kocası, erkek kardeşi, babası; aileden, mahalleden hatta ülkeden bir erkek değil; suratı pembe, burnu geniş ve kemerli, aynalı güneş gözlükleri sayesinde gözlerini kimseye göstermeden herkesi görebilen bir yabancıydı.

Karısı üstünde kırmızı sentetik elbisesiyle adamın karşısında oturuyordu. Elbisenin şeffaf olduğunu ilk kez fark etti. Adam karısının karşısına oturmuş bakıyor, görüyordu. Görmekten de öte, karısının güzelliğini keşfediyor, daha da beteri bunu yüksek sesle belirtiyordu. Karısı da oturmuş, adamı dinlerken ne sinirli, ne de heyecanlıydı. Canı sıkılmışa da benzemiyordu; oturuyor, başını mutlu olmuş gibi sallıyor, yüksek sesle İngilizce konuşuyordu: Thank you.

Karısının adama teşekkür ettiğini anladı. Karısı oturmaya devam etti; ne ayağa kalktı, ne de sinirlendi. Adam karşısında oturmuş ona kur yapıyordu. Bir kadına güzel olduğunu söylemek kur yapmak sayılırdı. Üstelik kadın sıradan birisi değil, kendi karısıydı. Ve kendisi sıradan bir koca değil, babası kadar sert, perdenin arkasından bile olsa karısını kimsenin görmesini, onunla el sıkışmasını istemeyen bir kocaydı. Adam gözünün önünde karısına kur yapıyordu ve o kalkıp ikisinden birine tokadı patlatmıyor, duruma karşı çıkıp öfkesini bile dile getirmiyordu. Hayır, karşı çıkmadan orada öylece oturdu, öfkesini göstermedi. Gözleri buluştuğunda başını sallayıp gülümsedi.

Gözlerini açtığında hâlâ aynanın karşısında durduğunu gördü. Gülümsüyordu ama yüzü babasının öldüğü zamanki kadar ince ve zayıftı. Sırtındaki kambur öncekinden de da-

120

ha büyüktü, gizlemek için kaslarını gerdi. Ama bolmadı, hâlâ görünüyordu. Gülümsemmsini gizlemek için yüz kaslarını da gerdi; ama gülüşü de kaybolmadı. Ayağa kalkıp gitmek için ayaklarını kıpırdattı ama hareket edemedi. Karısı da oturmaya devam ediyordu. Onun kalkıp gitmesini ummuştu ama öyle olmamış; oturmaya devam etmiş, başıyla onaylamış ve İngilizce konuşmuştu: Thank you.

Sözcükler birer ok gibi kulaklarını deldi, karısının sonsuz ihanetini doğrulayan beynine ekili kanıtlar gibiydiler. Sanki karısı onu başından beri aldatmıştı; kendisiyle evlenmeden önce, evlendikten sonra, yeryüzünde var olduğundan, hatta yeryüzü var olduğundan bu yana.

Karısının ihaneti onu yüzüne yediği ilk tokat gibi şaşırttı. Kendisinden daha güçlü bir karşılık beklerdi. Geniş eli havada yükseldi, bir an kararsız kalarak titredi. Neredeyse kendi yüzüne ya da babasının fotoğrafına iniyordu ki karısının ihanetini hatırladı, hem babasına hem kendine kızarak tokatı kendi yüzüne indirdi.

Gözlerini açtığında hâlâ aynanın karşısındaydı. Yüzü yine babasınınki gibi uzun ve zayıftı ama şimdi dikey bir çizgiyle bölünmüş, uzun ve zayıf iki yüz olmuştu. Öne uzanmış sağ elinin üzerinde kan kırmızı ince bir çizgi vardı.